Seul au monde

© XO Éditions, 2017.

ISBN : 978-2-37448-008-4

Sébastien Destremau

Avec la collaboration de Henri Haget

Seul au monde

À Florian, Romain, Tiphanie, Marshal et Jade.
À Téo et Lyssana.

— Sébastien, prends le canot et décroche-nous cette foutue ancre !

La voix de mon père est sans réplique. Son ordre a claqué dans la douceur d'un crépuscule d'été au large de Porquerolles. Nous sommes sept à bord de notre voilier familial mais lorsqu'il s'agit d'exécuter une corvée, ça ne fait pas un pli, c'est toujours moi qui prends.

L'ancre est coincée sous la roche, à une trentaine de mètres de *Chanteloube*. Je ne comprends pas pourquoi on a mouillé dans cette crique. D'habitude, on n'y va jamais. En m'asseyant dans le canot, je découvre qu'il manque un aviron. L'autre a dû rester à la maison. Ou alors mon père l'a planqué pour me mettre à l'épreuve. Parmi ses cinq enfants, je suis sa tête de Turc. Il ne me passe rien.

Seul au monde

— Papa, il n'y a qu'une seule rame…
— Et alors? Godille! On ne va pas y passer la soirée!
Non, je ne sais pas godiller. C'est infernal, ce truc : il faut plonger la rame à l'arrière du canot et faire des huit dans l'eau pour se diriger. Au début, je parviens à avancer à peu près droit mais, déjà, je ne sens plus mes bras. Insensiblement, je dérive sur ma gauche.
— Redresse, Sébastien! À droite, bon sang!
Accoudé au bastingage, mon père observe la manœuvre. Il n'en perd pas une miette. Son regard bleu comme l'acier luit sous le soleil couchant.
— Je n'y arrive pas! Je sais pas godiller…
— Je sais pas godiller…
Il a imité ma voix plaintive et j'ai eu l'impression que toute la famille riait à ses côtés. Ils sont tous là, postés sur le pont avant du bateau, pour m'accabler de leurs conseils. Les consignes pleuvent sur moi, comme les taloches à la maison. Je donnerais tout pour être ailleurs. Je les déteste. Je les déteste autant que je les aime.
— J'en ai marre!
Mon hurlement s'est perdu dans un sanglot et ricoche au fil de l'eau. J'ai neuf ans et, dans ma gorge serrée, des larmes de rage pour toute une vie.
Un jour, je serai grand et je n'obéirai à personne.
Un jour, j'accomplirai quelque chose d'extraordinaire et vous serez tous épatés.

1.

L'éternité c'est long, surtout vers la fin. Parti des Sables-d'Olonne le premier dimanche de novembre, me voici de retour au port cent vingt-quatre jours plus tard, frais comme une limande avariée. À bord, il ne reste plus rien à manger, juste une poignée de spaghettis. Durant ma balade de cinquante-deux mille kilomètres, j'ai traversé trois océans, soigné des côtes brisées, surmonté mille avaries. Le Vendée Globe est une course sans escale, sans assistance, sans pitié. Sur les vingt-neuf marins au départ, dix-huit seulement sont parvenus à boucler le tour du monde. Le dix-huitième, c'est moi.

Ma mère est là. À quatre-vingt-cinq ans, elle n'en finira jamais de me surprendre. Depuis Toulon, elle a traversé la France au volant de sa vieille guimbarde pour me féliciter. Sur le coup d'une heure du matin, ce 11 mars 2017, elle est l'une des premières à bondir sur le pont de mon bateau qui tangue entre deux bouées phosphorescentes. Dans le milieu de la voile, certains l'ont surnommée « Ma Dalton » pour son tempérament de fer, sa manière jalouse de veiller sur ses quatre fils. Loin des pontons, elle s'appelle Thérèse et je la vouvoie, moi qui tutoierais le pape.

Elle plante ses yeux secs dans mon regard embué.

— Bravo mon garçon !
— Maman, vous…
— Fière… Putain… de merde…

Chez nous, une telle déclaration d'amour frise l'indécence.

Durant ces quatre mois de solitude, je n'ai pas seulement sillonné les mers les plus inhospitalières de la planète, j'ai voyagé très loin à l'intérieur de moi-même. Dans la même journée, j'ai connu des joies sans mesure et des moments de détresse insondable. J'ai frayé ma route au milieu des dauphins, j'ai chanté avec les étoiles, j'ai pleuré sur le pont de mon bateau. Et j'ai tremblé. Jusqu'au bout. Jusqu'à la veille de l'arrivée. Au large de l'île de Ré, alors que je n'étais plus qu'à une trentaine de milles de la délivrance, *technoFirst-faceOcean* s'est pris la quille dans un filet de pêche. Mon brave compagnon a perdu de la vitesse avant de caler d'un coup sec. La mauvaise blague. La tuile de trop. Tout était noir : la nuit, la mer, et surtout mon moral. À l'idée de plonger

Seul au monde

pour m'extirper de ce piège, je n'en menais pas large. Depuis l'enfance, les grands fonds me terrorisent. Pour un type qui a fait le tour de l'Antarctique, ça ne fait pas très sérieux. Mais il y a tant d'autres choses, dans mon aventure, qui ne font pas très sérieux.

Pendant plus d'une heure, il m'a fallu manœuvrer mon bateau dans tous les sens. Les voiles à contre, en marche arrière. Un coup à droite, un coup à gauche. J'ai fait des zigzags, des ronds, des huit. J'entendais presque résonner la voix morte de mon père. Et puis, soudain, les voiles se sont ébrouées, le filet a relâché son étreinte. Le souffle battant, j'ai pu reprendre mon sprint final à la vitesse de l'escargot.

Le lendemain, en début d'après-midi, je découvre qu'une foule immense s'est massée le long du chenal des Sables-d'Olonne pour accompagner mon retour sur terre. Les gens scandent mon prénom, des enfants brandissent des pancartes : « Sébastien, dernier du Vendée Globe, premier dans nos cœurs. » Cinquante jours après le triomphe d'Armel Le Cléac'h, je suis fêté comme un rescapé. Loin derrière les champions programmés pour la victoire, ma procession chaotique rappelle qu'il y a encore de la place dans cette course pour un vagabond des mers. Mes déboires de sans-grade semblent avoir ému tout un peuple d'anonymes. Et encore, le public ne sait pas tout. Il ne sait pas que j'ai fait le tour du monde en tongs parce que j'avais oublié mes chaussures à terre. Il ne peut pas s'imaginer qu'après trois mois de mer, un type a voulu m'éliminer de la course en prétendant que je lui avais volé son mât…

De l'Atlantique aux mers du Sud, je n'ai pas doublé grand monde mais je me suis dépassé chaque jour, chaque nuit, chaque heure, presque chaque minute. La veille du départ, la croupe rebondie de mon voilier d'occasion se dandinait sous le nez des prototypes aux lignes anorexiques. « Il ne passera pas l'équateur… », avançaient les plus optimistes. Finalement, j'ai passé l'équateur. Dans les deux sens. Et aussi le cap de Bonne-Espérance, le cap Leeuwin, le cap Horn, ce caillou mythique où tant de marins ont englouti leurs rêves. Le mien a survécu. Je sais enfin ce qu'est devenu l'enfant qui s'était juré de briser l'injustice et d'épater les siens. De là-haut, je suis sûr que papa, avec qui ce fut si difficile quand j'étais petit, me regarde. Peut-être même est-il étonné…

Ces cent vingt-quatre jours ont changé ma vie d'homme. Ils n'ont pas fait de moi un héros. Je viens tout juste de mettre pied à terre, je n'ai pas dormi depuis quarante-huit heures. Déjà, les journalistes m'encerclent pour arracher un morceau de bravoure. Comment fait-on quand on se casse les côtes au beau milieu de l'océan Indien ? On se relève, on n'a pas le choix. À une semaine de mer de l'Australie, je n'allais pas appeler ma mère, elle ne serait pas venue. Quoique... Une jeune femme au brushing impeccable soulève mon bonnet, m'affuble d'une oreillette et d'un micro. « C'est pour le journal de 13 heures, on est en direct ! » J'entends les titres qui défilent : les costards de Fillon, le mur de Trump, la bombe en Corée... Si j'ignorais encore ce que j'étais allé chercher au milieu de nulle part, je n'avais aucun doute sur ce que j'avais fui.

On me pose dix fois, vingt fois, cent fois la même question. Je réponds et je souris sur commande.

— Sébastien, heureux de rentrer à la maison ?

— Heureux, oui, ça me tardait vraiment...

Je n'en pense pas un mot. Je ne sais même pas si, un jour, j'ai été heureux de rentrer à la maison. Je me pose là où le vent me porte. Je vis entre deux continents. Le voyage est ma maison.

J'ai cinquante-deux ans, cinq enfants, la double nationalité franco-australienne et un bateau avec lequel j'ai fait le tour du monde. Pour participer à cette aventure, j'ai tout cédé, tout sacrifié, tout vendu. Aujourd'hui, je ne possède rien, ni carrière, ni chez-moi. Je n'ai rien gardé. Mais j'ai peut-être conquis le bien le plus précieux : ma liberté, envers et contre tout.

Ce n'est pas l'histoire d'une course, c'est l'histoire d'une vie.

2.

2012.
Je traîne sur les quais des Sables-d'Olonne. Il fait froid, il pleut, il y a du vent, c'est la nuit. Demain, les vingt concurrents du Vendée Globe vont partir. Un ami m'accompagne. Il s'appelle Grégoire Morault. Son père possède l'un des plus beaux voiliers du monde, *Ikra*, une vraie commode Louis XV, ancienne propriété du baron Bich. Souvent, il m'en confie la barre.

Nous dégoulinons sous la lumière pâle des réverbères, au pied du bateau de Bertrand de Broc, *Votre nom autour du monde*. Grégoire est l'un de ses sponsors. On est là, figés, à écouter le silence. La nuit, la pluie, le vent donnent une dimension quasi religieuse à cette veillée d'armes. C'est à cet instant précis que ça se passe. Submergé par l'émotion de ces vingt mecs qui partaient le lendemain, je me tourne vers mon ami et, sur un ton définitif, je prononce cette phrase que je devine sans retour :

— Dans quatre ans, c'est toi qui me largueras la dernière amarre…

Une lueur incrédule, presque inquiète, traverse son visage.

— Quoi ?

— Écoute-moi, Grégoire. Dans quatre ans, c'est toi qui me largueras la dernière amarre.

— Oh putain !

À ce moment-là, je ne sais rien de ce qui m'attend. Je ne sais même pas que le Vendée Globe est la seule course où l'on ne largue pas les amarres. On les tranche.

J'ai souvent l'impression qu'une force invisible me pousse à prendre des décisions irrévocables. Si je réfléchis trop, je ne m'en sors pas. Pourquoi me jeter dans l'inconnu ? Et pourquoi maintenant ? Je vogue tranquillement vers la cinquantaine. Mes grandes heures de régatier sont derrière moi mais je n'ai pas à me plaindre de ma vie. Tout en continuant de naviguer à droite, à gauche, je commente des épreuves de voile pour plusieurs médias internationaux. Dix ans plus tôt, j'ai passé un diplôme de journalisme en Australie afin d'assurer mes arrières. Aux Sables-d'Olonne, j'interviens chaque jour sur les antennes de L'Équipe 21. Je présente aussi des sortes de journaux télévisés dans le cadre d'un jeu en ligne au succès foudroyant, Virtual

Regatta. Bref, je parle beaucoup des exploits des autres, fussent-ils virtuels.

Pour avancer, j'ai besoin de me placer au pied du mur. S'il est infranchissable, c'est encore mieux. Toute ma vie, je me suis lancé des défis plus grands que moi. Quand j'avais vingt ans, j'étais terrorisé à l'idée de plonger en mer. Je le suis toujours. Une peur incontrôlable qui remonte à l'enfance lorsque, au retour d'une navigation familiale sur *Chanteloube*, je tombe à l'eau en enfilant mon pull sur le ponton de Toulon. Engoncé, je ne peux pas nager. Mon père me récupère sous l'eau. Ça ne m'a pas empêché de demander à être affecté dans les commandos de la Marine lors de mon service militaire. Pour surpasser ma phobie, terrasser mes faiblesses. Finalement, ma demande a été refusée et, du coup, je me suis fait réformer. Avec moi, il n'y a pas de demi-mesure, c'est tout blanc ou tout noir. Si je me mets en danger, ce n'est pas par bravade ou par masochisme, mais pour savoir ce que j'ai dans le ventre.

D'abord je décide, ensuite je vois comment je m'y prends. Nous en sommes là. J'ai beau être un néophyte de la course au large, je connais la réputation du Vendée Globe, sa légende, ses faits d'armes, ses tragédies. Ses deuils. Une épreuve qui pousse les hommes et les machines dans leurs ultimes retranchements. Les budgets, aussi. Certains d'entre eux peuvent se monter

Seul au monde

à dix millions d'euros. J'ai les poches vides mais des idées plein la tête. Je compte sur mon imagination, mon sens de la communication pour séduire les sponsors. Je ne vais pas leur faire miroiter la victoire mais je peux leur vendre une histoire. Une histoire à sept cent mille euros, ça me paraît raisonnable.

La vraie gageure, à mes yeux, ce n'est pas cet argent, ni même de surmonter mes peurs. C'est la solitude. Suis-je capable de supporter le grand silence d'un tour du monde sans escale ? Sur terre, je peux jouer les ermites pour quelques jours, mais je ne l'ai jamais fait sur un bateau. Je ne jure que par la navigation en équipage. Avec mes frères ou des marins professionnels, qu'importe, mais j'ai besoin de cette exaltation, de ces coups de gueule qui rythment nos régates quand on se trouve bord à bord avec un adversaire et que la victoire va se jouer sur le fil. Je suis toulonnais, moi, j'aime que ça tchatche, que ça chambre, que ça bastonne… Je ne suis pas comme ces marins bretons taillés dans le granit, cette armada de moines-soldats recroquevillés autour du Finistère. L'une des rares fois où je me suis retrouvé seul à la barre d'un voilier, c'était pour rallier Toulon à Porquerolles. J'ai trouvé que ça n'en finissait pas. J'ai cru que j'allais périr d'ennui. Combien de Toulon-Porquerolles faut-il mettre bout à bout pour faire le tour du monde ?

À l'exception de Grégoire, personne n'est encore au courant de mon projet. À l'issue du Vendée Globe

Seul au monde

2012, je me suis envolé vers l'Australie où je passe plusieurs mois par an. Là-bas, je loue une petite maison sur les hauteurs de Perth, à deux pas du domicile de Kim, mon ex-femme, et de Jade et Marshal, nos jumeaux de neuf ans. Il est encore trop tôt pour leur parler de mon aventure, des risques que papa va courir. Je le ferai en temps voulu, avant de prendre la mer.

Quand je reviens à Toulon, ma mère est l'une des premières personnes que je mets dans la confidence. Je connais sa fougue et son panache. Je me dis que si quelqu'un doit m'encourager dans ma folle entreprise, c'est bien elle.

— Maman, j'ai une grande nouvelle à vous annoncer : j'ai décidé de participer au prochain Vendée Globe !

— Magnifique, Sébastien ! Mais où est ton bateau ?

— Je n'en ai pas. Mais je vais trouver, j'ai des pistes sur Internet…

— Ah… D'accord.

À sa mine rembrunie, j'aurais dû comprendre que quelque chose clochait dans ma démarche et qu'il allait falloir redoubler de persuasion avec les sponsors. Si, déjà, j'étais incapable de convaincre ma mère…

Par chance, j'ai du souffle, de la ténacité et, de temps à autre, une idée originale. Ça avait été le cas, quelques années plus tôt, quand l'équipe du film *En solitaire*, avec François Cluzet, m'avait enrôlé comme conseiller technique. Avant la sortie en salles, j'avais proposé à la production d'emprunter le même bateau que l'acteur et de m'aligner au départ du Vendée Globe 2012 pour faire la promotion du film. Comme quoi ça me travaillait déjà même si, à l'époque, c'était surtout des paroles en l'air. D'ailleurs, les types m'avaient aussitôt fait comprendre qu'en guise de publicité ils préféraient la tournée des canapés et des animateurs en vogue plutôt que mon tour du monde.

Cette fois, par contre, c'est du sérieux. En Australie, j'ai eu le temps de peaufiner mon argumentaire : mon raisonnement semble imparable. Je connais très bien Philippe Guigné, le président-fondateur de Virtual Regatta. Je sais qu'en moins de dix ans son jeu a rassemblé une communauté de cinq cent mille membres à travers le monde. Je sais aussi qu'en commentant le Vendée Globe et d'autres courses virtuelles j'ai acquis une vraie notoriété auprès d'eux. Dès lors, il suffit de la faire fructifier en montant un projet de financement participatif, genre : « Devenez l'équipier de Sébastien Destremau sur le Vendée Globe en collant votre photo sur son bateau… » La taille du portrait varierait en fonction de la grosseur du chèque, de vingt à quatre cent soixante-neuf euros. J'ai déjà prévu de coller des photos un petit peu partout : sur la coque, sur le pont, dans le cockpit et la cabine. À la louche, ça fait vingt mille portraits de joueurs. C'est fou ce qu'on peut trouver comme place sur un bateau quand on veut bien se donner la peine...

Quand je déroule mon projet devant Philippe, au siège de sa société, à Boulogne-Billancourt, je me sens pousser les ailes d'un visionnaire. Alors, je décolle.

— Et ce n'est pas tout, Philippe ! Pour amorcer la pompe, j'ai pensé à une opération spéciale lors de la Transat en double, un an avant le départ du Vendée Globe. On lancerait un gigantesque référendum dans la communauté pour qu'elle élise son champion et le mec ferait la course avec moi...

— Tu en as encore beaucoup des idées comme ça ? En tout cas, ça peut faire un sacré buzz. Allez, banco !

Plusieurs mois se passent durant lesquels je tire des plans sur la comète. Puis, c'est la douche froide. Philippe m'appelle, la voix en berne. Il m'explique que ses ingénieurs ont bossé comme des fous, mais qu'avec l'architecture actuelle de son application ils sont incapables d'organiser un vote auprès de cinq cent mille joueurs. Problème de langage informatique, alpha ou bêta, ou je ne sais quoi. Ce que je comprends très bien, en revanche, c'est que le système d'exploitation de Virtual Regatta est donc obsolète et que Philippe a décidé de le modifier sur-le-champ. Un chantier qui mobilise toutes ses équipes pour un temps indéterminé. Du coup, mon opération passe à l'as. Adieu le pactole.

Seul au monde

Le coup dur. Le premier d'une longue série. Presque deux ans se sont écoulés depuis la fameuse nuit des Sables-d'Olonne et je n'ai pas avancé d'un iota. Et si ma mère avait raison ? Pour commencer, il me faut du concret, il me faut un bateau. Jusqu'à maintenant, je n'ai vendu que ma bonne mine et du vent. Quand le bateau sera là, les sponsors afflueront d'eux-mêmes. Première décision : je cesse les allers-retours entre la France et l'Australie et je me rapatrie dare-dare sur Toulon. Seconde décision : je m'entoure de quelques amis et on se met en quête de la perle rare.

La constitution de mon équipe ne prend pas longtemps. Ils ne sont que trois. Trois à y croire. Il y a Jean-Guillem, *alias* Jean-Gui, mon grand frère, qui dirige son chantier naval à Hyères, Jacques Durbiano, dit Jaco, l'un des marins d'*Ikra*, et Mathieu Werner qui, lui aussi, navigue sur *Ikra*, mais à qui on a oublié de donner un surnom. Évidemment, les événements m'ont contraint à réviser mon budget à la baisse. Depuis que ma grande idée est tombée à l'eau, je ne table plus sur sept cent mille euros, mais plutôt la moitié. Et en attendant, c'est à moi de faire le premier chèque pour acheter le bateau.

Je décide de vendre tout ce que j'ai. Là encore, les doigts d'une main suffisent pour énumérer mon modeste patrimoine. Je peux tirer vingt mille euros de mon coupé

Seul au monde

Mercedes – une folie, la seule – et il faut que j'appelle Kim pour lui dire que j'accepte de lui vendre ma part symbolique dans notre maison de Perth. Elle me l'a proposé plusieurs fois depuis notre séparation en 2007 et j'ai toujours refusé. Je ne suis pas attaché aux biens matériels, mais ça me plaisait que la maison de mes enfants soit encore un peu la mienne.

Maintenant, je n'ai plus rien. Plus de bagnole, plus de maison, juste cent vingt mille euros sur mon compte. Je commence à passer mes journées sur Internet pour dénicher un Imoca, ces monocoques d'un peu plus de dix-huit mètres avec lesquels on court le Vendée Globe. Je sais que j'ai plusieurs longueurs de retard sur mes futurs adversaires et qu'il ne reste plus que des miettes pour faire mon bonheur. Outre les cadors qui ont les moyens de mettre en chantier un prototype conçu pour la gagne, les sans-grade ont déjà écumé la Toile pour dénicher le bateau idéal. Moi, je ne chasse pas le bateau idéal, mais le bateau dans mes prix. Déjà que pour cinq cent mille euros, il n'y en a qu'une poignée à vendre…

J'ai fini par en repérer un. Pas trop cher, à peu près en bon état. Enfin, pour ce que je peux en voir sur Internet. Il mouille dans le port de Halifax, au Canada, et s'appelle précisément *Spirit of Canada*. C'est un beau bateau rouge qui a longtemps appartenu à un ancien gendarme, Derek Hatfield. Je m'en souviens, car, à son bord, il avait participé au Vendée Globe en 2008 et le tandem s'était fracassé dans une énorme tempête au large de la Tasmanie. Son propriétaire serait prêt à le céder pour cent trente mille euros. C'est ce que me rapporte Jean-Gui, car je ne veux pas apparaître dans les négociations. J'ai quand même ma petite réputation dans le milieu des « voileux ». Si le vendeur apprend que je cherche désespérément un bateau pour le Vendée Globe, ça risque d'être la surenchère.

Mai 2015 : tout se joue en un week-end. Jean-Gui et Jaco ont leur billet en poche pour Halifax. Et c'est la veille de leur départ que le reste de mon équipe, à savoir Mathieu, me signale une super-occasion au Cap, en Afrique du Sud. Un bateau dont on devine qu'il a été tout bleu et qui répond au nom de *Gartmore Explora*. Son prix est affiché à cent mille euros. Je décide sur-le-champ de faire mes valises. Tant pis pour l'anonymat. Là-bas, ils s'en tapent du Vendée Globe, ils ne jurent que par le rugby.

Durant ces quarante-huit heures, on explose le budget téléphone entre Halifax et Le Cap. Pendant que Jean-Gui me décrit *Spirit of Canada* de la quille à la tête de mât, je sympathise avec mes cinq jeunes vendeurs sud-africains. Je découvre qu'ils ont acheté le bateau pour disputer quelques régates et que ça fait deux ans qu'ils l'ont sur les bras. Non seulement le prix est négociable, mais leur vieux rafiot me plaît.

On ne peut pas faire plus rustique, plus simple, plus robuste. Pour manipuler les drisses, il faut aller au mât, tant pis s'il pleut, il n'y a pas de renvois vers le cockpit, il n'y a pas cet écheveau de cordages tendus sur le pont qui facilite la vie du skipper. Là-dessus, il faut naviguer à l'ancienne, à l'huile de coude. Et ça tombe bien, car je n'ai pas l'intention de me la couler douce. Qu'est-ce que je me prouverais à me la couler douce ?

Si le Vendée Globe m'attire, c'est parce qu'il n'y a pas de course plus dure au monde. Je n'ai pas envie que la technologie prenne le pas sur l'aventure humaine. Je ne veux pas de gadgets, je me fous du confort. Mon obsession, c'est la fiabilité. Limiter au maximum les risques d'usure et de casse qui saborderaient mon rêve. Moins j'aurai de poulies, de taquets, de ficelles, mieux ce sera. *Gartmore Explora* est déjà bien dépouillé mais je suis sûr de pouvoir enlever encore plein de trucs inutiles.

Quand le numéro de Jean-Gui s'affiche sur mon téléphone, je m'apprête à aller boire une bière avec mes copains sud-africains.

— Vous en êtes où avec Jaco ?
— Ça avance. Le bateau a une quille pivotante.
— Pas le mien.
— Tout le monde aura une quille pivotante au départ du Vendée Globe !

— Tant mieux pour eux. Écoute, je crois que je vais toper avec les gars d'ici. Laissez tomber la négociation et rapportez-moi du sirop d'érable...

Enfin, la course commence. La course contre le temps. De retour en France, je lance une opération de *crowdfunding* sur Internet. Je n'ai pas abandonné mon idée de photos sur le bateau et j'ai envie de le baptiser *Face-Ocean*. Le nom fonctionne en anglais comme en français. Et puis c'est beau, ce double sens : vos visages sur l'océan, ou alors moi, seul, face à l'océan... Ça inspire moins les internautes. Moins que je l'espérais : trois cent vingt-quatre donateurs pour environ vingt mille euros. Le prix d'une voile.

À l'été 2015, je retourne au Cap pour préparer le bateau en vue de son retour en France. Je suis accompagné de Jaco et Lionel Courcier, un ami de Jean-Gui. La révision est plus longue que prévu. Je ne veux rien laisser au hasard. Je m'efforce de maîtriser les événements. En fait, je ne maîtrise pas grand-chose. J'ignore absolument tout de ce qui m'attend. Je n'ai jamais navigué sur un Imoca, jamais franchi l'équateur. Et c'est la première fois que je me lance dans un périple de huit mille milles. Même pas un tiers du Vendée Globe...

Mon seul atout dans cette histoire, c'est Jaco. Il est tout rond, tout chauve, tout vieux, avec l'accent de

Seul au monde

Carcassonne. Quand je lui ai parlé de mon projet, il a répondu : « Je serai ton homme, jusqu'au bout. » Il a dit ça en bougonnant parce qu'il bougonne tout le temps mais c'est un super-mécano. Il engueule ses outils, il peut en venir aux mains avec sa clé de 13, mais il trouve toujours la solution. Contrairement à moi, il a déjà traversé plusieurs fois l'Atlantique, du sud au nord. C'est comme ça qu'il se détend, en testant mes connaissances.

— Seb, tu connais le système des dépressions ?
— Je suis nul en météo.
— Elles ne tournent pas dans le même sens selon qu'on est dans l'hémisphère Sud ou dans l'hémisphère Nord...
— Première nouvelle !
— Eh bé... Même ma perceuse, elle sait ça !

Depuis le début, j'y vais au bluff. Depuis le début, mes cartes tombent une à une. Ça me donne le vertige mais j'aime ça. Si, à la fin de la partie, j'ai toujours ma place à la table, je ne serai plus le même homme. J'ai déjà fait beaucoup de choses dans mon existence, des choses plus ou moins insensées. J'ai affronté des tempêtes, j'ai vécu dans des squats et dans des palais, j'ai amarré mon bateau sur des mers de toutes les couleurs. Mais je n'ai jamais eu autant de responsabilités sur les épaules. Pourtant, je n'ai pas peur de faire des choix. C'était même ma spécialité, dans les années 1990, quand j'étais tacticien sur les bateaux de la Coupe de l'America. Une compétition plus que centenaire, le Graal pour tous les milliardaires épris de voile, des équipes de cent vingt personnes... Les cent dix-neuf autres recueillaient toutes les informations possibles sur les conditions de course et c'est à moi qu'il revenait de décider de la stratégie à adopter. J'avais les mains dans les poches et je tranchais. Mais, là, c'est différent. Je suis l'acteur, le coordinateur, le bailleur, le communicant, la petite main de ma propre entreprise. Et je ne joue pas que ma réputation.

Il paraît que le Vendée Globe est l'Everest de la course au large. C'est largement en dessous de la vérité. J'ai regardé sur Internet : quatre mille alpinistes ont déjà gravi l'Everest. Il n'y a guère plus de trois cents navigateurs qui aient franchi le cap Horn en solitaire... Qui suis-je pour prétendre accéder à ce club ? Je suis capable d'amener un bateau d'un point A à un point B mais je n'y comprends rien en électronique, en électricité, en mécanique ou en matériaux composites. Les logiciels météo, c'est du chinois. Il y a toujours eu des mecs pour faire ça à ma place. Je peux dire d'où va venir le vent dans les prochaines vingt-quatre heures et basta ! Mais dans un peu plus d'un an, je regarderai autour de moi et il n'y aura plus personne. Il n'y aura que l'horizon.

Seul au monde

J'ai prévu de mettre les voiles aux alentours du 15 juillet pour arriver à Toulon en plein mois d'août. À la rentrée, je serai à pied d'œuvre pour démarcher les entreprises. Sauf que ça ne se passe pas du tout comme ça. Jaco a beau être un virtuose du tournevis, on fait deux faux départs. La première fois, on parcourt tout juste dix milles avant que le pilote automatique nous lâche. Le coup suivant, c'est un problème d'alternateur au bout de deux jours de mer. Retour au port. Jaco manque m'étrangler quand je lui annonce qu'on va doubler ce pilote électronique qui ne m'inspire pas confiance avec un système beaucoup plus simple : un compas, un vérin, une batterie.

— Je crois qu'on s'est un peu précipités. Je te propose qu'on prépare le bateau pour huit mille milles et qu'on arrête le Lego.

— Tu m'empégues, là, Sébastien ! Tu te rends compte de la masse de boulot que ça représente...

Finalement, on lève l'ancre le 15 août, avec un mois de retard sur mon agenda qui, lui-même, a deux ans de retard sur le planning des autres. Il n'y a plus que Jaco et moi à bord. Lors de notre deuxième départ avorté, Lionel s'est cassé le pied en chutant dans la trappe à voiles du capot avant. Il n'a pas vu qu'elle était ouverte. Soit je me dis que la scoumoune m'a élu homme de l'année. Soit je positive en me persuadant qu'après une telle série de déboires il ne peut plus rien nous arriver. J'opte d'autant plus facilement pour la seconde solution qu'une fois au large des côtes sud-africaines le bateau file à douze nœuds sans effort, les ballasts à moitié remplis. Je me fais les bras sur les winches pour pousser la bête, on hisse le spi : ça craque un peu de partout mais le compteur grimpe à vingt nœuds. On vogue au beau milieu de l'Atlantique Sud, Jaco n'a plus touché un tournevis depuis au moins deux jours. La vie est belle. *faceOcean* répond à mes attentes. La bête est rouillée mais elle a de beaux restes.

On remonte plein nord à sept cents milles de la côte entre la Namibie et l'Angola. À ce rythme-là, l'équateur se profilera bientôt à l'horizon. Accoudé au bastingage, je me laisse bercer en contemplant le long sillage blanc qui s'étire à l'arrière du bateau comme une traîne de mariée.

Dans la cabine, Jaco est déjà en train de rôder autour du réchaud : il doit être 18 h 30. Soudain, l'alarme de l'AIS (Automatic Identification System) retentit. Ça signifie qu'un autre navire s'approche à moins de trente kilomètres. Depuis qu'on est sortis de la baie du Cap, on n'en a pas croisé un seul. Je rejoins Jaco devant l'écran de contrôle. Le petit point clignote derrière *faceOcean*, juste à la limite détectable. Des pêcheurs ? Peu probable. Dès qu'ils mettent leurs filets à l'eau, ils débranchent l'AIS pour ne pas montrer aux autres pêcheurs où ils sont. Ils ne gardent que le radar. Moi, j'utilise l'AIS parce que ça bouffe moins d'énergie. Au bout de quelques minutes, Jaco retourne à ses casseroles et je continue de scruter l'écran. Le petit point avance exactement à la même vitesse que nous, dans la même direction. Le système d'identification m'indique que ce bateau a été construit au Japon. Ça me fait une belle jambe. Je file sur le pont arrière avec les jumelles : la nuit est en train de tomber, je ne vois rien.

Je m'endors très tard, ce soir-là. Depuis ma couchette, je peux surveiller l'écran de contrôle. L'autre nous suit toujours à la trace. Ça m'obnubile. Peut-être que je me fais un film. C'est possible. Il y a quatre ans, j'ai un ami, Christian Colombo, qui a été assassiné par des pirates somaliens. Son corps a été jeté à la mer, sa femme, sauvée par l'armée française. C'est Jean-Gui qui l'avait aidé à construire son bateau.

Au petit matin, ça s'accélère. Après nous avoir débordés à tribord, le navire change de cap et vient se placer en parallèle de *faceOcean*, à cent mètres à peine. C'est un petit cargo délabré qui navigue sans pavillon. Le genre de bateau qui a attaqué un pétrolier, l'année précédente, dans le golfe de Guinée. Jaco et moi, on est là, sur le pont avant, à se demander ce qu'on doit faire. Finalement, on ne fait rien.

— Ils nous observent à la jumelle. Prends contact par radio, Seb…

— Non, pas maintenant.

On reste une heure comme ça, à tracer notre route côte à côte. Finalement, c'est eux qui nous interpellent par VHF, dans un anglais tout pourri :

— Vous êtes qui ? Vous allez où ?

— Ça se voit, non ? On est sud-africains sous pavillon sud-africain… On convoie le bateau jusqu'à Sainte-Hélène où l'on nous attend sous trente-six heures.

— OK. Nous, on pêche le thon. Allez, bonne route ! Soyez prudents…

Pas de chalut, pas de treuil, la poupe bien arrondie… Leur embarcation ressemble autant à un bateau de pêche que Jaco à un jeune skipper du Cap. Les types restent encore à notre hauteur pendant un petit moment. Puis ils mettent pleins gaz vers les côtes de l'Angola. Fin du mauvais film.

Le lendemain, à l'aube, on est en approche de Sainte-Hélène quand l'alarme de l'AIS me réveille en sursaut. Branle-bas de combat dans la cabine, je me précipite sur l'écran. Le bateau japonais, les pêcheurs de thon… Même cap, même vitesse que nous… Jaco et moi, on se regarde. Je ne lui laisse pas finir sa phrase.

— Tu ne crois pas qu'on devrait… ?

— Si ! C'est maintenant qu'il faut le faire. On n'a pas le choix.

3.

Enfant, je pensais qu'il suffisait de prendre la mer pour que la vie devienne un peu plus douce, comme par magie. Hormis quand papa coinçait l'ancre de *Chanteloube* dans les rochers de Porquerolles, ce sont de loin mes meilleurs souvenirs. Par chance, nous avons toujours eu des voiliers dans la famille. Avec mes frères, on jouait aux pirates, on sautait du bateau et on nageait jusqu'à l'île, au large de Toulon. Nous cherchions des trésors jusqu'au moment où mon père accrochait un vieux pneu au sommet du mât. Ça signifiait qu'il nous restait dix minutes pour rejoindre le bateau. Pas une de plus. Déjà, le soleil plongeait dans l'eau turquoise. Bientôt, j'allais retrouver la maison, les querelles de couple de mes parents, les baffes et les coups de ceinture de papa.

Mon père, Pierre-Arnaud Destremau, est issu d'une lignée très prestigieuse d'officiers de la Marine nationale. Son grand-père Maxime avait été un héros de la guerre de 14-18 pour avoir défendu victorieusement le port de Papeete, à Tahiti, à bord de la canonnière *Zélée* prise d'assaut par les croiseurs allemands. Là-bas, une rue porte son nom. Son père, qui se prénommait Pierre, était officier torpilleur sur le contre-torpilleur *L'Indomptable* qui a été envoyé par le fond pour empêcher qu'il ne tombe aux mains des troupes de Hitler, lors du sabordage de la flotte française, à Toulon, en novembre 1942. Accessoirement, il y a aussi un oncle dans la famille, Bernard Destremau, qui fut un champion de tennis très connu dans les années 1930. Bref, avec un tel pedigree, papa ne pouvait pas prétendre à un destin banal. Son chemin pour l'école militaire était tout tracé.

Pourtant, il n'a jamais fait carrière dans la Marine. À l'adolescence, il s'est découvert une passion pour la musique classique et il est devenu, quelques années plus tard, un flûtiste renommé. Dans sa famille, la pilule a eu du mal à passer. Son père, que tout le monde surnommait « le Commandant », a vécu cet épisode comme une trahison et il s'est mis à le traiter comme un renégat. Du reste, la flûte n'était pas l'instrument de cœur de papa, mais celui qu'une marraine lui avait offert puisque le Commandant refusait obstinément d'entretenir sa vocation. En fait, mon père aurait rêvé de jouer du violon. Quand il mimait un morceau de musique devant nous, c'était toujours avec un archet imaginaire dans sa main droite.

Papa avait un talent incroyable. Une tante lui a payé ses premières leçons de solfège et, trois ans plus tard, il a quitté Toulon pour tenter le concours du Conservatoire national, à Paris. Il y est entré du premier coup, à dix-neuf ans. Il a franchi tous les obstacles et, au terme de son apprentissage, il a accédé au concours final face à Jean-Pierre Rampal, qui deviendra l'un des plus grands instrumentistes au monde. Mon père l'a emporté. Il a eu d'autant plus de mérite que son rival avait démontré sa virtuosité sur une partition extrêmement technique et enlevée et qu'il avait choisi, lui, un morceau très lent, avec des notes qui durent une éternité. Or, la flûte en argent qu'il avait héritée de sa marraine jouait faux. Pas grand-chose, même pas un quart de ton, mais il y avait une petite distorsion qu'il était le seul à pouvoir magnifier. La sonorité, c'était la force de papa. Quand la nouvelle de sa médaille d'or s'est répandue dans la famille, le Commandant a répliqué qu'il ne voulait rien savoir de la carrière d'un « saltimbanque ».

Mes parents se sont rencontrés sur les hauteurs de Tunis où la famille de maman possédait une somptueuse propriété, la villa *Belle Vue*. Le fief d'une lignée de colons partis faire fortune en Afrique du Nord, à la fin du siècle précédent. Son père possédait une exploitation agricole florissante, sa mère était d'origine suisse. Maman n'a pas grandi en Tunisie, car, dès son plus jeune âge, on l'a envoyée faire ses études dans une institution de Genève. Chez elle non plus ça ne rigolait pas, niveau éducation. Ça ne rigolait pas, tout court. En fait, qu'ils soient colons ou militaires, nos ancêtres incarnent une certaine idée de la France : conquérante, bourgeoise, catholique, recluse dans ses certitudes et ses principes. Une idée qui commençait déjà à ne plus coller à son époque.

Donc, un jour, mon père, qui commençait sa carrière au sein de l'Orchestre radiophonique du Maroc, s'est rendu à Tunis pour un petit concert privé à la villa *Belle Vue*. Maman ne l'a jamais dit comme ça, mais je sais que, dès les premières notes distillées par papa, elle a été sous le charme. Ils se sont mariés en 1955, à Boissets, dans les Yvelines, avant de s'installer à Fez où résidait l'orchestre de papa. Claire est née à Paris dans le seizième arrondissement, l'année suivante. Puis il y a eu Xavier, à Tunis, de deux ans son cadet, et Jean-Guillem quatre ans plus tard à Fez. Hugues et moi, nous sommes nés à Plancoët dans les Côtes-d'Armor. Maman ignorait qu'elle attendait des jumeaux. Le médecin n'avait entendu qu'un seul cœur. Quand je suis sorti en premier, la sage-femme a dit à ma mère : « Attendez, continuez, il y en a un autre derrière… » Ensuite, il y a eu toute une légende autour de ça, comme quoi j'étais toujours impatient de me « précipiter dans l'inconnu » et que dès mon premier cri j'avais montré que j'étais « déçu par ce monde »... C'est maman qui aime bien raconter cette histoire. En même temps, elle sait de quoi elle parle.

Des années marocaines de ma famille, je ne connais quasiment rien. Mais le peu que j'en connais, je ne risque pas de l'oublier. Avec un ami nommé Bouqui, mon père, excellent bricoleur, avait construit un frêle esquif pour naviguer sur les lacs de l'Atlas. Ils avaient fait ça avec trois fois rien : des caisses, des branches cassées, des bouts de tissu, des draps enduits de goudron pour que le bateau soit étanche. *Le Crâneur*, ils l'avaient baptisé. Bref, il se trouve que ce Bouqui était radin comme pas deux. Il ne cessait de dire : « Euh ! Il en faut très peu... » Les planches, les draps, le goudron... « Euh ! il en faut très peu... » C'est horrible, mais j'ai l'impression d'avoir entendu mon père raconter cette anecdote dix mille fois dans mon enfance. Il la déclinait à toutes les sauces, en imitant l'accent pointu de son ami. Chez nous, chez les autres, le matin, le soir, l'hiver, l'été.

— Du lait dans le café, Pierre-Arnaud ?

— Euh ! Il en faut très peu...

C'est comme son histoire de « ppp ». Il nous l'a serinée sur tous les tons. Ça me colle encore aux oreilles. Dès qu'il fallait acheter des fournitures, une pièce quel-

Seul au monde

conque, un mousqueton pour le bateau : « Vous le mettrez en ppp… » Ça signifiait « papa passera payer ». Sûrement qu'à cinq ans, ça m'a fait sourire une ou deux fois. Mais dès que j'ai grandi, j'ai commencé à trouver ça triste. Comme quand il se levait pour aller régler la note au restaurant. N'importe quel père aurait dit : « Je vais payer l'addition », ou alors il n'aurait rien dit. Lui, son truc, c'était : « Je vais aller dire bonjour au mocheu… » Toute sa vie, je l'ai connu en train de répéter les mêmes expressions. J'ai toujours cette image de mon père, perdu dans son époque, engoncé dans ses vieilles rengaines.

Maman est institutrice. Au terme d'un court séjour en banlieue parisienne, près de Houdan, où elle s'occupe de plusieurs classes à la fois, elle convainc mon père de s'installer dans le Sud. Après le Maroc, la France, c'est la misère pour mes parents. La grisaille, le manque d'argent, mon père qui court le cachet. Et cinq enfants à nourrir. Maman m'a dit qu'elle avait vingt francs par semaine pour faire les courses. Ça ne devait pas faire bézef. Pourtant, ils n'ont jamais envisagé de demander de l'aide à leurs familles respectives, riches à millions. Question de dignité. Question de principes, encore une fois. Ne jamais déchoir, ou être dans son coin, à l'abri des regards.

Bref, quand ce poste d'institutrice se libère, à Ollioules, près de Toulon, c'est au moins la garantie de mettre un rayon de soleil dans notre vie. Ma mère a pris sa décision sur l'instant, sans consulter personne. Elle a juste prévenu le directeur de l'école primaire.

— Je voulais vous annoncer que je m'en vais. Tout de suite.

— Mais, Thérèse, l'année scolaire vient tout juste de commencer !

— Je pars. Vous me trouverez bien une remplaçante.

Une semaine plus tard, on débarquait sur les bords de la Méditerranée. C'est vraiment ma mère, ça. Elle fonce et toute la smala suit. À côté de ça, pour mon père, ce déménagement marque un tournant dans sa carrière. Un tournant en forme d'impasse. En région parisienne, même si les temps étaient durs, il avait encore la possibilité d'exercer son art. Mais à Toulon ? De soliste admiré, il est devenu, du jour au lendemain, professeur de musique dans les lycées. Malgré son abnégation, ses élèves se moquaient bien d'apprendre à jouer de la flûte. J'imagine qu'il en a souffert. J'imagine, car il ne s'est jamais plaint.

Le point positif, c'est qu'en s'installant à Ollioules il se rapproche de l'un de ses frères, Maxime, qui, lui, bien sûr, est officier dans la Marine nationale. À la demande de papa, il nous a dégoté un petit appartement en location à la sortie du village. Mais, une fois de plus, c'est compter sans la force de caractère de maman. Alors qu'elle passe son entretien avec le directeur de l'école Le Château, elle apprend qu'un logement de fonction est disponible juste au-dessus des salles de classe. Le directeur lui dit ça, du bout des lèvres, presque gêné :

— Malheureusement, l'occupant précédent a eu un différend avec la mairie d'Ollioules. Avant de partir, il a arraché les sanitaires et il a coupé tous les tuyaux au ras des murs. Il n'y a plus d'arrivée d'eau, ni de chauffage. Il a été déclaré insalubre…

— C'est parfait. On le prend.

Nous voilà, donc, dans cet appartement qui aurait été invivable pour n'importe quelle autre famille que nous. En quelques semaines, papa bricole des sanitaires, le minimum syndical : un W.-C., un lavabo et une douche achetés aux puces. On passera le premier hiver avec un chauffage d'appoint. Hugues et moi, on a deux ans. On partage avec Jean-Gui une chambre grande comme une boîte à chaussures. Il n'y a pas de place pour Claire, notre sœur dort dans le grenier. La directrice de l'école des filles vit dans l'appartement voisin. On ne va jamais frapper à sa porte. Quand on a besoin de lui parler, on passe un mot sous la cloison : il y a un jour de dix centimètres avec le plancher. Sinon, pour dîner, on s'assoit tous sur des caisses. Maman a trouvé que c'était superflu d'acheter des chaises.

Seul au monde

Et pourtant, c'est le bonheur. Ou pas loin. Papa a déniché un poste d'enseignant au lycée des Rougières, à Hyères. Il a surtout mis la main sur une cave, dans le sous-sol de notre école, où il peut entreposer son piano, sa flûte, son magnétophone, toutes ses partitions. C'est là qu'il s'enferme dès qu'il rentre du boulot. Il joue, il compose, il fume ses gauloises sans filtre. On ne le voit que pour le dîner. Il ne met pas la table, il ne débarrasse pas son assiette, il ne jette même pas un œil sur les devoirs de ses enfants. Il ne fait rien. C'est une apparition, raide, amidonnée dans sa chemise blanche et son pantalon de flanelle. Dès qu'il a avalé son dessert, il repart s'isoler dans son monde. J'ignore si mes parents, après le coup de foudre de leurs vingt ans, ont été heureux ensemble. Dans leur couple, je n'ai jamais décelé le signe de tendresse le plus infime. Je ne les ai jamais vus s'embrasser ou se dire : « Je vous aime. » Car nous les vouvoyions et ils se vouvoyaient entre eux. Quand nous étions réunis pour le dîner, chacun s'installait à une extrémité de la table. Souvent, mon père était perdu dans sa musique et griffonnait des notes sur sa serviette en papier. À la limite, je préférais cette présence absente. Sinon, la première étincelle avec maman dégénérait en un brasier d'invectives. À notre égard, il n'y avait que le carcan des bonnes manières et du savoir-vivre qui comptait : on se tient droit en toute circonstance, on ne parle que si on nous y autorise, on

ne rate sous aucun prétexte la messe du dimanche...
Mais, entre eux, la moindre discussion politique tournait au banquet de camionneurs :

— Je vous le dis comme je le pense : vous êtes un con !
— Vous m'emmerdez, Thérèse...

Or il se trouve que tout, ou presque, était politique à la maison. Entre une mère considérée comme une révolutionnaire gauchiste sous prétexte qu'elle cessait de travailler quand il y avait grève et un père qui ne cachait pas ses sympathies pour le Front national à l'époque où le parti lepéniste n'était encore qu'un groupuscule jusque dans son bastion toulonnais, l'ambiance suintait le mépris. Il ne nous serait jamais venu à l'idée de vouloir les réconcilier. Et même si Xavier, du haut de ses treize ans, avait levé un sourcil, c'est sur moi que la baffe paternelle serait tombée. Papa était raciste, ouvertement. Maman, elle, ne jurait que par la mixité : à ses yeux, les étrangers sont encore plus égaux que les autres. L'un ne vivait que pour sa musique, enfermé dans sa cave en ermite passéiste et incompris. L'autre avait du feu dans le sang, toujours à aller de l'avant, invitant sans cesse du monde à la maison ou pour les vacances...

Et même quand nous partions pour le lac de Serre-Ponçon, dans les Alpes, ou vers les plages de Bretagne où le Commandant résidait dans une imposante bâtisse de granit, papa trouvait le moyen de ressasser sa nostalgie d'un ordre disparu. Nous étions entassés dans le break Volkswagen blanc, que l'on a toujours appelé « la Boden », car Jean-Gui n'arrivait pas à en prononcer le nom, et il y avait toujours un moment où mon père vantait la supériorité de sa voiture. « Évidemment que c'est bien, c'est allemand... » Ensuite, il s'arrêtait au bord de la route et, à la fin du repas, il s'en allait dire « bonjour au mocheu ». Notre famille avait beau prendre de la place, je m'y sentais déjà à l'étroit.

Peut-être que ça me vient de là. Aujourd'hui encore, je suis à l'aise partout mais je ne me sens bien nulle part. Je hais la routine, les codes, les bons sentiments. L'autorité m'étouffe, la bien-pensance aussi. Je veux une vie avec vue sur les grands espaces. Il n'y a que la possibilité d'une fuite qui me rassure.

Mais, à l'époque, je n'avais que *Le Mutin* pour m'échapper de ce huis clos.

4.

On n'a plus le choix. J'ai envoyé un mail à Jean-Gui pour lui signaler notre position, notre route et l'identification du bateau japonais. *faceOcean* file plein nord à une centaine de kilomètres des côtes de Sainte-Hélène. Je rejoins Jaco sur le pont pour modifier la voilure et mettre le cap à bâbord toute, direction Jamestown. C'est la seule carte qui nous reste : on est censés être attendus, ce soir, à Sainte-Hélène. Si ces mecs sont vraiment des pirates, ils ne vont plus tarder à nous tomber dessus. Maintenant, on attend la suite.

Pendant deux heures, leur bateau continue de nous escorter, plein ouest. Je ne le vois pas à travers mes jumelles, mais sur l'écran, le petit point est toujours là. Ce jeu vidéo m'épuise. Qu'ils mettent leur Zodiac à la mer et qu'on n'en parle plus... Je me fais un café, une clope sur le pont arrière. Les falaises de Sainte-

Seul au monde

Hélène ne devraient plus tarder à se découper dans le brouillard. Et là, quand je retourne devant l'écran, j'ai beau me frotter les yeux, les écarquiller, je ne vois rien, le petit point s'est évanoui ! J'appelle Jaco qui se passe les nerfs en bricolant la pompe à eau. On reste là, sans bouger, à scruter l'écran noir comme deux glands. Disparu ! Pour de bon. Il ne va plus jamais réapparaître. On n'aura plus jamais de nouvelles de ces mecs qui nous ont filé le train pendant quarante-huit heures. On ne saura jamais qui ils étaient et ce qu'ils nous voulaient. C'est sûrement mieux comme ça.

Après cet épisode, la suite du voyage jusqu'à Toulon ressemble presque à une croisière. Il ne se passe rien de notable si ce n'est qu'au passage de l'équateur Jaco m'a attaché à l'arrière du cockpit et m'a déversé la poubelle de la veille sur la tête. Ensuite, il a pris la tondeuse et il m'a rasé le crâne. Il m'a expliqué que c'était un rite pour les bizuts de l'équateur. Une offrande à Neptune. J'ai accepté de bonne grâce. Je n'allais pas, en plus, me mettre les dieux à dos.

Je pensais rallier Le Cap à Toulon en moins d'un mois, il nous aura fallu quarante-trois jours. J'espérais accoster sous les vivats des estivants en maillot, et j'entre dans la rade, le 29 septembre, sous un ciel gris, des trombes d'eau et les applaudissements de ma mère. Sans surprise, je m'aperçois que mon Imoca ressemble à un mastodonte par rapport aux autres voiliers amarrés

Seul au monde

autour de lui. Pour ici, c'est un très gros bateau. D'ailleurs, je suis le premier navigateur de Toulon, du Var, et même de la région PACA à prétendre m'aligner au départ du Vendée Globe. Quand je commence à faire mousser mon projet auprès des entrepreneurs locaux, je m'aperçois que la plupart l'écrivent en trois mots « Vent des globes ». Sur la rade, on est aux antipodes du Finistère et de Port-la-Forêt, la Mecque de la course au large où la plupart des grosses écuries sont réunies. D'un point de vue logistique, ça accroît encore la difficulté mais, au moins, je suis sûr qu'ici personne ne viendra me piquer mon créneau...

Alors que je fais ma tournée de VRP, j'ai demandé à ma mère de retourner à l'école. J'aimerais qu'elle associe des classes de CM1 et CM2 à mon aventure. Je ne peux pas oublier l'élève tourmenté que j'ai été, j'ai envie d'apporter une bouffée de rêve aux enfants, qu'ils suivent mon périple durant les cours de géographie pour humer l'air du large. En quelques semaines, ma maman – que nous surnommons Mamita depuis qu'elle est grand-mère – emporte l'adhésion d'une cinquantaine d'établissements scolaires, bien au-delà des frontières de Toulon et même du Var! Malgré ses quatre-vingt-cinq ans, c'est un rouleau compresseur quand elle prend une mission à bras-le-cœur. Son action en faveur des plus démunis lui a valu récemment d'être faite chevalier de

Seul au monde

la Légion d'honneur. Je suis bien placé pour savoir qu'il n'est pas encore né celui qui se mettra en travers de la route de Mamita...

Au fil des semaines, mon petit laïus commence à être bien rodé : « Un projet simple, modeste, méditerranéen, avec un bateau qui existe, qui est là, tenez, vous n'avez plus qu'à coller votre nom dessus... » Je décroche une quarantaine de partenaires comme ça, à mille, deux mille, cinq mille euros. Et quand ils ne me signent pas de chèques, les fournisseurs m'accordent des rabais. C'est vital, car, même en me contentant de peu, j'ai besoin de tout. La plupart des pièces du bateau sont obsolètes. Il me faut du cordage, un haubanage, un mât, des voiles, de la peinture, une antenne satellite, des fusées, sans compter le matériel de sécurité ou l'équipement pour le grand froid des mers du Sud.

À neuf mois du départ, il me manque encore un sponsor principal et le soutien des collectivités locales pour garantir la pérennité du projet. Un jour, par hasard, je fais la connaissance du préfet maritime, l'amiral Joly, qui me parle de son goût pour l'histoire.

— Eh bien, vous avez dû entendre parler de mon arrière-grand-père Maxime Destremau à Tahiti...

— Non, pas du tout. Qui est-il ?

Sans le vouloir, j'ai dû le piquer au vif. Deux mois plus tard, je l'invite à l'occasion de la signature d'un partenariat avec Xavier Lafaure, le patron de Alcatraz IT, une entreprise locale. Il y a du beau linge à cette soirée et je lui demande s'il peut dire un mot sur notre famille, style « un siècle après Maxime Destremau qui fut un héros de la guerre de 14-18, son arrière-petit-fils se lance à la conquête des océans »... Et là, à ma grande surprise, l'amiral Joly se lance dans un exposé de vingt minutes à la gloire de mon ancêtre, avec des détails que même ma mère ne connaissait pas alors qu'elle a participé à un documentaire à son sujet. Je cours pour le remercier de son intervention, il me dit : « Sébastien, tu sais, l'histoire de ton arrière-grand-père m'a estomaqué. Et, j'ai accès à des informations que vous n'aurez jamais... » Une belle soirée. Et un sacré coup de pouce. Ce n'est pas rien d'avoir le préfet maritime dans son carnet d'adresses : au-dessus, il n'y a que le ministre... Dans la foulée, la municipalité, la communauté d'agglomération m'ouvrent enfin leur porte et TPM (Toulon, Provence, Méditerranée) devient l'un des principaux sponsors de *faceOcean*. Le nom de mon bateau finira par s'écrire en toutes lettres en juillet 2016 quand la société Techno-First, basée à Aubagne, leader mondial des technologies de réduction du bruit, me fera l'honneur de m'accompagner dans mon long voyage.

Évidemment, je ne passe pas mes journées en costard. Depuis plusieurs mois, on travaille d'arrache-pied sur le bateau. On bosse d'autant plus que les gardiens du temple qui gèrent la classe Imoca – les Vincent Riou, Jean Le Cam et consorts… – ne s'y prendraient pas autrement s'ils voulaient me mettre des bâtons dans les voiles. Ou alors, c'est moi qui suis parano. Tandis que *faceOcean* a démâté lors d'une sortie hivernale au large de Toulon, la clique de Port-la-Forêt pond un règlement obligeant les bateaux qui ne possèdent pas de certificat de jauge depuis 2008 à passer un contrôle complet de la quille au mât. Ça coûte une blinde, dix mille euros au bas mot. On est deux dans ce cas-là avec un jeune Suisse, Alan Roura, qui, lui non plus, n'appartient pas au sérail. Je me dis que, là-haut, les mecs ont vraiment envie de rester entre eux. Leur catéchisme me fatigue.

On passe le contrôle et je m'en vais disputer la transat Lanzarote-Newport, début avril. Il suffit de terminer le parcours afin d'être qualifié pour le Vendée Globe. Sur le papier, c'est dans mes cordes. J'ai beau n'être qu'un amateur chez les coureurs d'océans, n'avoir aucune expérience en solitaire, mon CV de régatier contient de solides références même s'il date un peu. En 1998, avec un équipage australien, j'ai notamment fini troisième de Sydney-Hobart lors d'une édition dantesque endeuillée par la mort de six marins. Si je n'arrive pas à boucler deux mille huit cents milles, entre les Canaries et les États-Unis, tout seul comme un grand, il faudra que je me pose les bonnes questions, celles que j'ai préféré éluder jusqu'à maintenant.

Je pense à tout ça, ou plutôt j'évite d'y penser, en me dirigeant tranquillement vers Lanzarote, quand, au large de Gibraltar, un violent coup de vent m'explose une voile. Et pas n'importe laquelle, le J2, le grand foc à la proue du bateau, l'un de ceux qu'on utilise le plus souvent. Le bateau sort du chantier, j'ai un mât neuf, un gréement neuf, et j'assiste impuissant au spectacle de cette voile qui se déchire, se déroule, arrache tout sur son passage... Et le départ a lieu dans quatre jours!

J'avertis Jean-Gui par téléphone. Ce n'est pas un frère, c'est un saint, sur ce coup-là: «Bon, ben, ça veut dire qu'il faut que j'emprunte la voiture de Mamita, que je charge le J2 de remplacement et que deux de nos gars foncent te retrouver...» Oui, c'est l'idée. Toulon-Gibraltar, ça fait de la route. Surtout dans la voiture de ma mère. Pourtant, vingt-quatre heures plus tard, je suis déjà prêt à repartir vers les Canaries avec une voile toute neuve.

Je me pointe à Lanzarote, le jour même du départ. Et là, nouveau coup de vent de force 8: on m'apprend que le bateau n'a pas réussi son test de jauge, deux semaines auparavant. La seule solution que nous propose le jaugeur, c'est de rajouter deux cents kilos de plomb dans la quille... Je fais comment? Je m'appuie sur Antoine Mermod, l'organisateur de l'épreuve, un mec plus que serviable lui aussi. Il me dégote un plombier sur une île voisine avec une feuille de plomb de deux cents kilos, le bateau pour la transporter, le grutier pour mettre le mien à quai… Et il m'avance l'argent. Pendant que mes adversaires filent vers Newport, je dégomme le bulbe de la quille à la meule, je jointe, je colle, j'abrase, je martèle. Franchement, la course, après ça, c'est presque aussi épique qu'un bain de soleil. Je quitte Lanzarote soixante-six heures après tout le monde et je franchis la ligne d'arrivée en tête, avec deux jours d'avance sur mon suivant. La rage, sûrement.

Il paraît que quand les puristes de Port-la-Forêt ont découvert une vidéo où l'on me voyait taper comme un sourd sur ma quille avec un marteau, ils ont manqué s'étrangler. Il semblerait également que ma trajectoire audacieuse, face à une grosse dépression postée au milieu de l'Atlantique Nord, les ait favorablement impressionnés. Je m'en veux de cette faiblesse, mais ça me flatte un peu.

Durant l'été, le bateau entame son ultime chantier pour le Vendée Globe. La transat m'a apporté deux enseignements majeurs. Durant ces quinze jours de mer, je n'ai pas vu le temps passer. Après toutes ces embûches, j'étais remonté comme un coucou. J'ai la compétition dans le sang et dès qu'il faut se battre avec les autres, je suis dans mon élément. L'autre évidence, c'est que je dois encore simplifier mon bateau. Il y a tellement de choses dont on peut se passer en mer. Les toilettes, par exemple, à l'avant de la cabine. C'est du poids, mais c'est aussi deux vannes qui traversent la coque et qui peuvent provoquer une voie d'eau si elles cassent. On vire tout ça et on rebouche. Je ferai mes affaires dans un seau. De toute façon, personne ne me verra. Pour les ballasts, j'épure également. Je les garde parce que sinon mon bateau se transformera en planche de kitesurf dès que ça commencera à cogner. Mais j'abrège tout le système de manipulation en supprimant la moitié des trappes, des guillotines, des tuyaux censés canaliser les tonnes de flotte qui nous lesteront dans les grands vents.

L'arrivée de TechnoFirst en tant que sponsor principal me permet aussi d'honorer les traites qui s'accumulent chez mes fournisseurs et de sacrifier à quelques emplettes qui rendront mon bateau à peu près vivable. Des hydro-générateurs qui me serviront à recharger les batteries et à alimenter l'électronique présente à bord. Et une « casquette » qui recouvre et protège le cockpit parce que, dès que je mets le nez hors de la cabine, je suis obligé de m'habiller de pied en cap tellement le bateau est exposé. Ça ressemble plus à une tente en plastoc là où les autres arborent des toits télescopiques en fibre de carbone, mais, à mon échelle, c'est « grand luxe ».

Seul au monde

Il ne reste plus qu'une opération de routine, deux mois avant le départ des Sables-d'Olonne. Un ultime test de jauge pour contrôler l'angle de chavirage de mon compagnon. La procédure est simple, on n'y va pas par quatre chemins. On écarte le bateau du quai, on accroche un câble entre une voiture et le sommet du mât, je monte dans le 4 x 4 et je tire doucement jusqu'à ce que *technoFirst-faceOcean* se retrouve à quatre-vingt-dix degrés… Il y a d'autres solutions, mais j'opte pour celle-là, je ne sais pas pourquoi. Bref, j'y vais mollo sur le champignon quand, soudain, un craquement puis le bruit d'un éboulement funeste déferlent sur le port. Le mât de vingt-cinq mètres s'est brisé comme une allumette. Un mât qu'on avait déjà changé l'hiver dernier. J'aperçois Jaco qui se prend la tête dans les mains, Jean-Gui qui accourt vers moi en panique. L'heure est grave. Le règlement du Vendée Globe stipule que le bateau doit être amarré à son ponton, aux Sables-d'Olonne, dans moins de six semaines. Et je n'ai quasiment plus un radis. Là, j'ignore pourquoi je réagis comme ça, alors que d'habitude je pars au quart de tour, mais j'ai un glaçon qui court dans mes veines.

— Les gars, c'est « *business as usual* », on continue la préparation comme si de rien n'était…

— C'est-à-dire ?

— On déblaye le mât, on fout tout à la poubelle, tout est pété. On nettoie le pont, on met le bateau propre et on continue de le préparer comme s'il y avait un mât...

— Sauf qu'il n'y en a pas.

— Oublie ça, Jaco, je m'en occupe...

Là-dessus, Maud, la photographe du Vendée Globe, s'approche de moi sur la pointe des pieds. Elle est venue à Toulon pour ma séance de shooting officielle, celle où l'on voit chaque participant sourire malgré le seau d'eau qui l'asperge...

— Désolée, Sébastien, vraiment ! Je ne vais pas te déranger, je remonte à Paris et on en reparle...

— Et pourquoi ? Tu es prête, tu as ton seau de flotte ? Allez, on y va...

Si dans les mers du Sud mon bateau doit cabaner – c'est comme ça qu'on dit « chavirer » dans le milieu –, j'aimerais réagir avec la même force tranquille que ce jour-là. Le soir même, j'ai appelé les organisateurs du Vendée Globe qui m'ont accordé un délai pour cas de force majeure. Et le surlendemain, j'ai localisé un mât de remplacement, un vieux tube d'occasion qui collait parfaitement pour *technoFirst-faceOcean*, du côté de Caen. Une belle affaire pour moins de dix mille euros. J'ai affrété un convoi exceptionnel et j'ai rejoint la Normandie en roulant toute la nuit. C'était bizarre comme rendez-vous, près d'un parking de centre commercial, dans une banlieue un peu glauque. Mais le mât était là, posé dans l'herbe, près d'un hangar, conforme à la description. J'ai payé mon dû et, dès que le camion est arrivé, on l'a chargé, direction Toulon. Je n'étais pas là pour faire du tourisme.

Ensuite, il a fallu faire un nouveau test de jauge, régler le mât et les haubans qui n'étaient pas aux mêmes dimensions, ajuster le jeu de neuf voiles que Hugues avait fabriquées – c'est son métier. Le bateau ressemblait à une ruche, il y a eu encore douze mille contretemps, mais, le 10 octobre, à vingt-sept jours du grand départ, j'ai pu quitter la rade, direction Les Sables-d'Olonne. Quinze jours de mer en perspective. Là-bas, vingt-huit bateaux lustrés comme des Formule 1 piaffaient au bout de leurs amarres. Il ne manquait que le mien…

J'ai traversé la Méditerranée jusqu'à Cadix. Là-bas, Jean-Gui m'a rejoint et je lui ai confié le bateau pour la suite du convoyage. J'apprendrai par la suite qu'il a essuyé un grain terrible dans le golfe de Gascogne et que la protection du cockpit s'est volatilisée comme un cerf-volant. La routine. Pendant ce temps-là, mon avion atterrissait à l'autre bout du monde.

Loin de l'agitation des Sables-d'Olonne, j'ai décidé de partir en Australie pour retrouver Jade et Marshal. Je veux passer une semaine auprès d'eux, les embrasser une dernière fois, et leur expliquer que cet au revoir peut être un adieu. Depuis la création du Vendée Globe, en 1989, deux concurrents, Nigel Burgess et Gerry Roufs, n'en sont jamais revenus, un troisième, Mike Plant, a disparu en mer alors qu'il convoyait son bateau vers le départ, en 1992. Le risque existe, surtout pour un aventurier qui ne connaît la grande lessiveuse de l'océan Indien que de réputation. Les jumeaux ont maintenant douze ans, je suis sûr qu'ils peuvent comprendre.

J'ai peur de ce qui m'attend durant cette course. Je sais que c'est tabou, sûrement que les caïds de la profession hausseront les épaules devant mes craintes, mais je m'en bats les tongs. J'ai envie de laisser mes affaires en ordre avant de partir. Ça ne me ressemble pas, ma vie a souvent été un joyeux bordel, pourtant j'ai ressenti le besoin de passer chez le notaire, à Toulon, pour actualiser un vieux testament que j'avais dû faire au lendemain de Sydney-Hobart, il y a vingt ans. J'aurais aimé, aussi, pouvoir serrer mes grands enfants dans mes bras, même si ce n'est pas le genre de la famille, au moins leur faire la bise. Voilà six mois, j'ai appris que j'étais grand-père. Je l'ai su par Mamita, car, avec Florian, Romain et Tiphanie, on ne se parle plus depuis des années. En fait, on est en froid depuis leur plus tendre enfance. Ils ne m'ont jamais pardonné d'avoir quitté leur mère et d'être parti vivre en Australie sans préavis, alors que Florian, l'aîné, n'avait que six ans. Je n'ai jamais eu le mode d'emploi pour réparer ce genre de choses. Mon éducation, la vindicte de mon père, le sentiment d'injustice que j'éprouvais gamin ont forgé l'homme que je suis devenu : libre jusqu'à l'excès – mais peut-on être trop libre… –, orgueilleux, impulsif. Pudique. Incapable de me mettre à nu et de poser des mots sur mes sentiments. On est tous un peu comme ça dans la famille.

Et même quand je retrouve Jade et Marshal dans la maison que j'ai louée à côté de chez leur mère, ce n'est pas pour jouer la grande scène des adieux déchirants. Je n'ai pas fait quinze mille kilomètres pour leur chanter sur tous les tons à quel point je les aime. Je voudrais juste qu'ils retiennent la leçon de vie que je leur donne devant un poulet barbecue. J'ai envie que, plus tard, ils soient aussi forts que j'ai appris à l'être.

— OK, *kids*… Ce que papa va faire, c'est dangereux. Je serai très prudent mais il y a un petit risque que je n'en revienne pas. Si c'est le cas, je ne veux pas que vous soyez tristes. Cette course est très importante pour moi. Même si c'est une course effrayante, j'ai mis tout mon cœur, toute mon énergie pour y participer. Et si je meurs, je mourrai heureux. J'aimerais que vous vous souveniez de ça. Dans la vie, faites toujours ce que vous voulez faire, même s'il y a des risques… Allez au bout de vos rêves, sans vous soucier du reste, il n'y a que ça qui compte…

— Pourquoi tu nous dis ça ? Je n'ai pas envie que tu t'en ailles…

Seul au monde

Des larmes glissent de ses yeux bleus sur ses joues rondes. C'est fou ce que Jade me ressemble quand j'avais son âge. Elle a le même physique bien charpenté, la même façon de ne pas trop se préoccuper du regard des autres. Son jumeau est son exact opposé, un peu comme Hugues et moi. Sérieux, concentré, brillant dans toutes les matières, particulièrement en sport. Avec ses yeux verts, ses taches de rousseur, sa silhouette longiligne, c'est tout le portrait de sa mère. À douze ans, Marshal mesure 1,85 m et joue déjà les bonshommes. D'ailleurs, il ne dit rien et continue de mastiquer son poulet avec un appétit féroce.

La semaine est passée comme une lettre à la poste. On n'est plus jamais revenus sur notre discussion du premier soir. Je les ai accompagnés au collège, à la piscine, au basket, à la danse. Le jour de mon départ, ils ont insisté pour m'accompagner à l'aéroport de Perth. J'ai formé un cercle avec mes bras pour les réunir contre moi et je les ai embrassés sur le front. C'est très rare qu'ils viennent avec moi à l'aéroport. Ça m'a fait plaisir.

5.

Mon père a construit notre premier bateau en bas de chez nous, dans la cour de l'école, pendant les vacances. Ça a dû lui rappeler le bon temps, au Maroc, avec son ami Bouqui. Je ne l'avais jamais vu sortir aussi longtemps de sa cave et de ses concertinos pour piano et violoncelle. Du contreplaqué, des clous, un marteau, de la colle : *Le Mutin* était né. Ce don pour faire des miracles avec pas grand-chose, papa appelait ça « une araberie ». Au début, il avait emprunté un drap à maman mais, très vite, il a acheté une vraie voile. Dès lors, on n'est plus jamais partis en week-end ou en vacances sans que notre dériveur de trois mètres soit accroché sur le toit de la « Boden ».

Je crois que c'était l'année de mes quatre ans. Nous avons roulé jusqu'au lac de Serre-Ponçon, dans les Alpes, pour les vacances de Pâques. La famille du frère

Seul au monde

de papa, Maxime, s'était jointe à nous : à eux seuls, ils étaient neuf. Quatre parents, douze enfants ! En voilà, de la famille traditionnelle... C'est haut Serre-Ponçon. C'est haut et c'est froid, même au mois d'avril. Il n'y avait personne au camping, pas un touriste, pas un chat, juste les Destremau sous leurs toiles de tente. Le lac était limite gelé mais ça ne nous empêchait pas de mettre *Le Mutin* à l'eau chaque jour. On ne savait pas nager, il n'y avait pas de gilets de sauvetage. Papa était nul pour barrer un bateau – heureusement que le Commandant ne le voyait pas à l'œuvre... – mais tout le monde s'en foutait. Maman n'avait peur de rien. Le soir, le thermomètre chutait à moins dix degrés, elle faisait la cuisine pour seize personnes sur son réchaud à gaz. Personne ne se plaignait. On était vraiment éduqués à la dure. Quand je retournais en classe, j'avais beau habiter sur place, je n'avais pas l'impression de vivre sur la même planète que mes petits camarades.

Même si ma mère est de la partie, je pense qu'elle a commis une grave erreur concernant mon éducation scolaire. Elle n'a jamais voulu que je sois dans la même classe que mon jumeau. Dès la maternelle, elle nous a éloignés l'un de l'autre. Avec Hugues, on faisait tout ensemble. On dormait dans la même chambre, on prenait le bain à deux, on se tenait par la main à la chorale de l'église. Et là, huit heures par

Seul au monde

jour, nous étions séparés à cause de l'école. Une déchirure pour moi. À en croire maman, j'aurais eu une sorte d'ascendant sur Hugues, quasiment depuis notre fameuse naissance. Elle craignait que je le domine trop, que je l'empêche de se développer correctement. C'est ce qu'elle m'a avoué, plus tard : « Je n'avais pas le choix, j'étais contrainte de condamner l'un ou l'autre ! » Bon, ben, une fois de plus, c'est toujours moi qui prends...

Ma scolarité ressemble donc à un chemin de croix. Un calvaire qui ne cessera qu'à l'adolescence quand l'Éducation nationale décidera de me radier de tous les établissements de France. J'en bave et j'en fais baver à tout le monde. Dès mon premier cartable, je défraye la chronique de l'école du Château. Je hais tellement l'école, je maudis si fort ces longues heures loin de mon frère, que je passe ma rage sur mes petits camarades puis, très vite, sur mes maîtresses. À la récréation, dès qu'un gamin colle Hugues d'un peu trop près, je l'écarte ou je lui mets un coup de poing. Même si l'autre voulait juste lui proposer un chewing-gum. C'est mon frère, il est à moi. J'ai ma bande. Cinq ou six garçons de mon âge sur lesquels j'exerce une emprise totale. Les plus grands, eux aussi, ont une bande. Des petits durs de CM2 qui croient m'impressionner du haut de leurs dix ans. À chaque sortie de classe, on s'observe de part et d'autre de la cour puis, à mon signal, on se rue les uns sur les autres et on se bat comme des chiffonniers. Hugues, lui, se tient à l'écart de nos pugilats. Je ne veux pas le mêler à ça. Je le laisse « se développer ». Le fait que ma mère travaille dans cette école ne constitue pas un frein à mon indiscipline. Après tout, elle est un peu responsable de mon malheur.

D'ailleurs, dès le CE2, on me change d'école. On me place dans le bâtiment adjacent, l'ancienne école des filles, mais les journées sont toujours aussi interminables. Cette année-là, quand la maîtresse dont j'ai oublié le nom me colle une gifle pour mes retards, je la lui rends direct. Gros scandale. Sûrement que j'ai dû déguster, le soir, quand papa a émergé de son bunker, mais j'ai pris tellement de corrections qu'elles finissent par se confondre dans ma mémoire. De toute façon, c'est toujours moi qui prends même quand ce n'est pas ma faute.

Une institutrice dont je n'ai pas oublié le nom, en revanche, c'est Mme Richard, en CM2. Là, je suis vraiment un hooligan en culottes courtes. Mon père est injuste, l'école est injuste, ma vie est injuste. La pauvre Mme Richard, c'est elle qui a payé l'addition. Je l'ai envoyée en dépression avant la fin du deuxième trimestre.

— Ça suffit, maintenant, Sébastien, tu prends la porte et tu sors…

— Je m'en fous, pas de problème.

Je traverse la classe en la toisant et, sur le seuil, j'empoigne la porte et je la dégonde.

— Mais qu'est-ce que tu fais !

— Je prends la porte ! Faudrait savoir…

Durant toute cette époque, il n'y a que nos sorties en bateau pour faire souffler un vent de liberté sur mon enfance. Sur l'eau, je rentre dans le rang. Je redeviens un petit garçon comme les autres. Après *Le Mutin*, mon père a fait l'acquisition d'un vrai voilier, le premier à bord duquel on a pu aller naviguer sur la mer. C'est un Beluga de six mètres cinquante nommé *Va* qu'il a acheté à La Ciotat. Je ne sais pas où il trouve l'argent, vu qu'on est toujours assis sur nos caisses et que, s'il n'y a pas de pâtes au menu, c'est qu'il y a de la purée en flocons. Et réciproquement. Avec mes frères, nous portons des vêtements que maman achète sur les marchés, ou alors qu'on lui donne, et nous nous les repassons entre nous. À part papa qui porte sa cravate même quand il bricole sa voiture, il faut se lever de bonne heure pour deviner que nous sommes de purs produits de la bourgeoisie française… Moi, je me fiche déjà des apparences et du confort matériel. Je veux bien chausser des semelles trouées du moment que je peux prendre le large avec ce monde cruel.

On a vécu des aventures incroyables avec ce petit bateau. À l'origine, *Va* est conçu pour deux personnes, avec deux couchettes, mais nous sommes souvent une dizaine à bord puisque maman invite systématiquement nos cousins et nos cousines. Je suis heureux, car mon père est tellement préoccupé par sa navigation qu'il en oublie jusqu'à ma présence. Au début, on fait des sorties ridicules, des ronds dans l'eau de cinq cents mètres, mais on a l'impression de franchir l'horizon. Papa est accroché à sa barre, maman prépare un pique-nique qu'on n'aura même pas le temps de manger, ma cousine Valérie s'esclaffe en me voyant grimacer sous les embruns… La première fois qu'on veut accoster à l'île Verte, mon père jette l'ancre et tout part à l'eau, plouf! parce qu'il avait oublié de l'attacher au bateau! Un autre jour, on se retrouve à moitié en perdition, le vent est monté trop fort, le skipper tiré à quatre épingles de *Va* n'arrive pas à démarrer son moteur, c'est la panique à bord. Un bateau s'approche pour proposer son aide. Et mon père, royal, plus raide que jamais: «Mais qui c'est ce con? Qu'est-ce qu'il vient m'emmerder!»

On a quand même fini par accoster solidement quelque part pour passer de vrais week-ends en mer. Mes premières nuits sur un bateau… Les deux parents dans la cabine et une colonie d'enfants allongés tête-bêche sous une tente posée sur le pont. L'aventure, la vraie. Chaque 25 décembre, le rituel veut que nous partions pique-niquer au large. On se caille mais on est heureux. J'ai emporté avec moi mon cadeau de Noël: un nougat offert par maman. Après *Va*, nous avons eu *Chanteloube*. La taille au-dessus. Le bateau a des fuites, il pisse de l'eau dans la cabine, mais papa dit : « Comment ça des fuites d'eau, il fait juste un peu de condensation. » Question nautisme, les choses sérieuses commencent. Surtout pour mes frères. Xavier adore prendre la place de mon père et tenir la barre. Jean-Gui winche et tire des bords. Dès qu'on accoste à Porquerolles ou, mieux, dans les calanques de Cassis, puisque maintenant, on s'aventure aussi à l'ouest, Hugues emprunte le canot et s'en va ramer pendant des heures. Évidemment, pour lui, il y a toujours deux avirons à disposition... « Hugues est parti faire ses milles », répète inlassablement papa. Pendant ce temps-là, je construis des maquettes de navires avec des bouts de bois, des allumettes, un parapluie que j'ai trouvé dans une crique. La navigation, la marche du bateau m'intéressent moins que le monde où il me mène. Ensuite, je mets mes maquettes à l'eau. Chacune porte un nom différent : *Valérie 1*, *Valérie 2*, *Valérie 3*...

Sur terre, tout n'est que contraintes et péripéties. En mer, le moindre événement devient une odyssée et nous fait des souvenirs pour la vie. Un jour, pris d'audace, on pousse jusqu'aux Goudes, un petit port de pêche près de Marseille. Là, on nous avertit qu'il va y avoir une explosion terrible, une mine de la Seconde Guerre mondiale doit être neutralisée. Dans la famille, on a beau avoir quelques antécédents glorieux, tout le monde bondit sur la digue et court se mettre à l'abri derrière un muret. «Attention! il va y avoir une pluie de pierre», dit papa qui doit se rappeler les vieux récits du Commandant. On est tous blottis les uns contre les autres, rien ne se passe. Et puis, au bout d'une éternité, pouf! une détonation digne d'une fête foraine. Un bruit de ballon éclaté, une volute de fumée blanche. Je regarde mon père accroupi à mes côtés.

— C'était ça la mine?
— Oui, bon, ça devait être une petite mine...

Dans la famille, c'est resté. Avec mes frères, on reparle souvent de l'explosion du port des Goudes...

Quand revient le dimanche soir, une chape obscure me tombe sur les épaules. On n'a pas de télé, il n'y a que la conversation de mes parents pour animer notre tablée. La même conversation cent fois recommencée, ponctuée inéluctablement par une remarque xénophobe ou une saillie bien réac de mon père, qui provoque pour la énième fois les hurlements de ma mère. Elle non plus ne laisse pas sa part. Il suffit que papa trouve que la purée manque de sel pour qu'elle monte sur ses grands chevaux: «Eh bien, mon cher, puisque c'est ainsi, je ne vous ferai plus jamais de cuisine...» Ce qui est bien salé, en revanche, c'est quand papa se régale des sketchs d'un comique oublié, et c'est tant mieux, un dénommé René Cousinier. Il a tous ses disques. Il se tord de rire en écoutant ce type qui tape sans retenue sur les Juifs, un Juif pied-noir lui-même. C'est le genre d'humour que mon père apprécie. Pas maman, évidemment. Plus tard, elle m'offrira l'un des premiers trente-trois tours de Coluche. Je n'ai pas le souvenir d'avoir reçu beaucoup de cadeaux mais celui-là je m'en souviens. Je n'ai jamais pu écouter mon disque. Quand je suis rentré de l'école, il ne restait plus que la pochette. La galette était brisée en mille morceaux sur le sol. Maman connaissait le coupable, comme moi.

— Pierre-Arnaud, c'est vous qui l'avez cassé ?
— Pas du tout ! Je l'ai fait tomber sans le vouloir...

Il paraît qu'une fois mon père m'a porté sur ses épaules, en montant les chemins escarpés du Stromboli. On aurait dû prendre une photo. J'ai beau chercher dans ma mémoire, je ne le connais pas comme ça. Je le connais pour son caractère, la musique, la voile, cette liberté-là, et je le connais pour les baffes. Xavier prenait sa ration, aussi, mais il avait six ans de plus que moi, il faisait les bêtises de son âge. Quand il y avait une distribution pour les plus petits, Jean-Gui essuyait une demi-gifle, Hugues avait la sienne, et moi, je m'en faisais coller trois.

Été 1973, j'ai neuf ans. Les trois jeunes frères, on a pris les vélos et on est allés faire les idiots sur le chantier naval où *Chanteloube* est en réparation. On s'est baladés sur les bateaux, on a visité les cabines, on a vidé un seau de peinture en dessinant des rayures sur la coque d'un hors-bord… C'était très marrant jusqu'à ce que le directeur du chantier naval, qui est un ami de mon père, nous aperçoive.

Le soir, avant même qu'il lève la voix, on est alignés tous les trois dans le salon, le pantalon sur les chevilles. On connaît déjà la sanction : dix coups de ceinture. Papa commence par frapper Jean-Gui, notre aîné. La lanière cingle mais j'ai l'impression qu'il retient vaguement son geste. À la moitié du châtiment, mon frère s'échappe en hurlant de douleur. Il a son compte. C'est à Hugues. Il crie, lui aussi, à chaque aller-retour de la ceinture. Pourtant, il couvre ses fesses avec ses mains pour se protéger et papa ne dit rien. Cette mansuétude ne lui ressemble pas. À mon tour, maintenant. Mon père arme son bras lentement. Son geste est froid et précis comme celui du bourreau. Chaque « claquement de fouet » me traverse comme une décharge électrique. Contrairement à mes frères, je ne hurle pas, je ne mets pas mes mains sur mes fesses. Je pleure en silence. Quand le dixième coup arrive, mon père m'achève d'une ultime cruauté : « Puisque tu pleures, tu vas en prendre cinq de plus… »

Ce soir-là, j'ai bien vu qu'il ne s'était pas défoulé avec la même violence sur chacun d'entre nous. Ce ne sont pas ses coups qui m'ont fait le plus mal mais ce sentiment d'injustice. Il est né dans mon enfance et ne m'a plus jamais quitté. Aujourd'hui encore, j'en porte la marque : l'arbitraire, l'abus de pouvoir font renaître en moi une haine inassouvie. Cette blessure ne cicatrisera jamais. Je suis seul à la porter. Dans la famille, personne n'est venu à ma rescousse durant toutes ces années. Souvent, la mère compense et adoucit la sévérité du père. Pas la mienne. Sa rude éducation ne lui avait pas légué les gènes d'une infirmière. Mes frères non plus n'ont jamais pris ma défense. Il n'y avait rien à dire, rien à faire. Aux yeux de tous, mon rôle de bouc émissaire s'inscrivait dans notre vie avec l'évidence d'une équation arithmétique : Jean-Gui était le fils préféré de papa et moi, son exutoire. C'était comme ça. Point. Il y a toujours, au fond de moi, un enfant qui pleure en silence. Je n'ai jamais passé l'éponge. Comment ne pas leur en vouloir ? Comment ne pas lui en vouloir ? Il ne faut pas croire que, sous prétexte qu'il jouait de la flûte, mon père était une sorte d'artiste éthéré avec de la guimauve dans les bras. Non, quand il me punissait – et Dieu sait s'il me punissait souvent, à tort ou à raison –, c'était un athlète de plus d'un mètre quatre-vingts aux cheveux drus et au regard glacé qui me frappait avec toute sa force d'homme.

Ma confusion était d'autant plus grande que ce bloc de pierre incapable d'exprimer la moindre tendresse à mon égard pouvait témoigner, à d'autres moments, d'une générosité digne du plus aimant des papas poules. C'est ainsi qu'un beau matin nous avons découvert un petit Corsaire nommé *Wohin* mouillant dans le port de Toulon à côté de *Chanteloube*. « C'est pour vous, les enfants », a lâché mon père le plus naturellement du monde, ce qui n'a pas empêché maman de faire une drôle de tête. Sans rien dire à personne, il avait acheté ce voilier en contreplaqué de cinq mètres cinquante pour Jean-Gui, Hugues et moi. « Comme ça vous pourrez vous amuser de votre côté en nous laissant entre grands avec Claire et Xavier... », a-t-il ajouté pendant que maman devait calculer mentalement le montant de son emprunt. J'avais dix ans et un bateau presque rien que pour moi, là où les fils à papa pleuraient d'émotion devant une trottinette. J'aurais aimé détester mon père, mais c'était plus compliqué que ça.

6.

Ponton du Vendée Globe, 10 h 38. Grégoire a pris son gros couteau et a tranché la dernière amarre. Mon ami Grégoire... Quatre ans, déjà...

Ensuite, j'ai descendu le chenal sous un soleil étincelant, doucement, tout doucement, en essayant de profiter de chaque seconde. Et maintenant, *techno-First-faceOcean* est sur la ligne de départ, dandinant sa poupe rebondie au milieu de ses rivaux profilés comme des hors-bord. À côté de nous, j'aperçois Vincent Riou, sur *PRB*, Armel Le Cléac'h, sur *Banque populaire*, Bertrand de Broc, sur *MACSF*, qui semblent piaffer dans leur cockpit comme des sprinteurs avant un cent mètres.

Il est 13 heures, ce 6 novembre 2016, aux Sables-d'Olonne, et dans moins de deux minutes, le coup de canon va retentir. Qu'est-ce que je fous là ?

Seul au monde

J'adresse un dernier signe de la main à mon carré de fidèles, Hugues, Jean-Gui, maman, Nangane, Jaco, Claire, Gilles et Pierre qui s'entassent dans un canot à moteur. Je pense à Muriel, Marie mon assistante, Valérie, Antoine, J.-B., Louis, Michel, Marianne, Mathieu, Grégoire, Éric et à tous ceux qui, de près ou de loin, m'ont permis de vivre cet instant magique. Magique ? Quatre ans que j'y pense. J'imaginais l'exaltation, le bonheur, la fierté de faire partie de cette poignée d'élus qui s'apprêtent à s'élancer autour du monde. En fait, je suis glacé, figé, pétrifié sur le pont arrière de mon bateau, un ultime regard pour mes proches, une sourde angoisse en mon for intérieur. Est-ce que j'en suis capable ? Est-ce que je suis capable de partir et de revenir ? J'ai fait le fort durant des mois, j'ai bluffé mes détracteurs, j'ai déplacé des montagnes, et là, à cette seconde précise, je me sens tout petit. Mais il est trop tard pour y changer quoi que ce soit. L'énorme détonation m'a fait sursauter. Je pars, là ! Putain ! Je pars…

Direction le sud, sous J2, le foc de cent mètres carrés qui reste toujours à poste, et grand-voile haute. Pour quelques jours, encore, je suis en terrain de connaissance. Il n'y a rien de sorcier à descendre l'Atlantique Nord avec des vents portants. La météo s'annonce clémente, j'en profiterai pour peaufiner tous les réglages que l'on n'a pas eu le temps de faire à quai. Peaufiner, c'est un euphémisme. Avec tous les contretemps qu'on a subis, le bateau n'est absolument pas prêt. Comparé au reste de la flotte, c'est un grand-père égaré chez les athlètes de haut niveau – il n'a pas de quille pivotante, pas de foils, ces appendices placés de chaque côté de la coque qui permettent de soulager la carène et de limiter la traînée –, mais, en plus, papi a séché la moitié de ses entraînements... On a bossé comme des malades, jusqu'à la dernière nuit, jusqu'à la dernière seconde, un concert de coups de marteau, un atelier de couture, quand les autres n'avaient plus qu'à passer le jet sur le pont de leurs bolides. Quand je dis « on », je ne parle pas de moi. Franchement, les gars ont été formidables pendant que j'étais en Australie. Et même après mon retour. J'avais l'impression d'être un inspecteur des travaux finis. Ou presque finis... Plusieurs fois, je leur ai proposé mon aide. J'ai cru qu'ils allaient se mettre en colère.

— Laisse tomber, Jaco, je vais vérifier l'accastillage, tu as assez de boulot comme ça...

— M'emmerde pas, Seb! Toi, tu commences à bosser dimanche... D'ici là, je ne veux pas te voir les mains dans la colle.

Sacré Jaco... Derrière ses bougonnements, quel mec en or. Il pleurait comme un enfant quand on s'est dit au revoir.

Seul au monde

C'est un petit miracle que je sois là. Une succession de petits miracles. Le bateau file à dix nœuds vers les côtes du Portugal. Je contemple ma grand-voile délicatement bombée par la brise du golfe de Gascogne. Et dire qu'elle a été retaillée presque au dernier moment dans une voile d'occasion… Même le directeur de course du Vendée Globe n'en a pas cru ses yeux quand il a vu mon chantier flottant à moins d'une heure du départ. J'aime bien Jacques Caraes. Je sais qu'il me soutient, il a été conciliant avec moi pour les délais, mais là, visiblement, c'était trop pour lui. Il m'est tombé dessus juste avant que je quitte le quai.

— Tu pars ? Mais tu pars et tu reviens ?
— Bah ! oui, Jacques… Dans trois, quatre mois si tout va bien…
— Ce n'est pas ce que je veux dire. Tu sais que tu peux prendre le départ et ensuite revenir à quai pour finir le bateau ? Le règlement te laisse dix jours de battement.
— Je sais, mais ce n'est pas mon intention.
— Alors, tu pars, tu pars…
— Ouais, Jacques, je pars, je pars…

Aïe ! ça pisse le sang ! Il n'y a que moi pour me blesser tout seul après vingt-quatre heures de course et une quasi grasse mat' – quatre heures comme un loir dans ma bannette – avant d'enrouler le cap Finisterre. Tout ça, c'est à cause du bordel qui traîne encore sur le bateau… J'ai vu un bout de cordage qui battait dans le vent, j'ai voulu le faire passer dans un œillet, ça passait pas, j'ai forcé avec un couteau, crac! l'index de la main gauche entaillé bien profond, juste sous l'ongle. Ça va être sympa à cicatriser, avec la flotte, le sel, les manœuvres qui arrachent la peau jusqu'au sang. Je vais nettoyer le plus proprement possible et mettre un beau pansement qui va me paralyser la moitié du doigt. Pour ça, j'ai une trousse à pharmacie bien fournie. C'est même le seul truc à bord qui soit bien fourni avec mes seize sacs de bouffe hebdomadaires entreposés dans la cale.

Dans la série « Comment se compliquer la tâche bêtement », j'avais encore Les Sables-d'Olonne dans le rétroviseur quand je me suis aperçu que j'avais oublié de prendre mes pompes! Me voilà parti pour faire le tour du monde en tongs… J'ai des bottes pour aller manœuvrer sur le pont, mais je n'ai rien à me mettre aux pieds quand je suis à l'intérieur. Et ce genre de croisière se déroule quand même beaucoup à l'intérieur, le nez au hublot. Faut pas croire que les marins du Vendée Globe passent leurs journées à barrer leur bateau et à hisser les voiles fouettés par les embruns. Ça arrive mais c'est comme les poissons volants, ce n'est pas la majorité de l'espèce… La plupart du temps, c'est pilote automatique et quart de garde devant la table à cartes. *A priori*, je vais passer vingt heures sur vingt-quatre dans mon petit chez-moi de dix mètres carrés. Pour l'instant, ça va, mais, quand on attaque les mers du Sud, il vaut mieux chausser de la semelle triple épaisseur… La flotte est à cinq degrés, on a juste un centimètre et demi de carbone sous les pieds, autant dire qu'avec mes tongs je vais avoir l'impression de marcher sur des glaçons. Je ne suis pas non plus le premier à qui ça arrive. Pour les chaussures, peut-être, mais je me rappelle qu'il y a quelques années Marc Thiercelin avait fait le Vendée Globe sans slip… À choisir, je ne sais pas ce qui est le plus gênant.

Si, je sais. Le mauvais plan, c'est moins d'oublier ses chaussures ou ses sous-vêtements que de ne pas avoir d'éponges à bord. Je l'aurais fait exprès, ça n'aurait pas pu être pire. Deux jours de course, deux jours que je patauge. Ma cabine est un vrai pédiluve, le cockpit pareil. C'est logique, il y a de l'eau partout, tout le temps, sur un bateau. L'eau qui tombe du ciel, celle que les vagues déversent à seaux continus sur le pont, le goutte-à-goutte des vêtements pendus sur le fil à linge qui traverse le capot avant de la cabine… À l'instant, je viens de me servir un verre de flotte, j'en ai renversé la moitié avec le roulis. Et je n'ai rien pour absorber tout ça, que des morceaux de tissu. C'est stupide, une éponge, il n'y a pas plus banal, mais je crois que c'est son absence qui, plus que toute autre, me fait prendre conscience de la dimension de mon pari. La vache! Cent, cent dix, cent vingt jours à sécher mon bateau toutes les deux heures avec un torchon... Je suis prêt à me passer de beaucoup de choses, je suis prêt à me passer de beaucoup de gens, mais là, ça me crève le cœur. Une seule éponge vous manque et tout est dépeuplé!

J'arrête avec les soucis domestiques. La nuit dernière, au large du cap Finisterre, j'ai essuyé un gros grain et des rafales à quarante nœuds. J'ai réduit la toile à l'avant et j'ai pris deux ris dans la grand-voile pour laisser passer l'orage. C'est là que je me suis rendu compte que le système installé aux Sables-d'Olonne foirait complètement. Au niveau des bosses de ris, les taquets ne tiennent pas. Tout est neuf, on n'a eu le temps de rien tester. Du coup, j'ai diminué d'un tiers la surface de la grand-voile et j'ai fait des nœuds avec les cordages pour que ça tienne. Une heure de bricolage dans le noir complet et sous la flotte, parce que sinon ce n'est pas marrant. Il va falloir que je démonte tout le système et que je corrige ça avant d'arriver à l'équateur. Ce matin, dès l'aube, j'étais au pied de mon mât en train d'étudier la question quand je me suis aperçu qu'une drisse, là-haut, tout là-haut, était mal installée. Là, je vais attendre un peu pour intervenir. Quitte à grimper à vingt-cinq mètres au-dessus du niveau de la mer, autant que celle-ci soit à peu près stable. Je n'ai pas envie de jouer les pendules, agrippé à ma tête de mât. Le pot au noir, c'est l'endroit idéal, vu qu'il n'y aura pas un souffle de vent. Enfin, entre le scénario idéal et ce qui va me tomber sur la figure, vu comme c'est parti, je ne sais pas si j'aurais le choix.

Le pot au noir, je n'y suis pas encore. Je viens de faire le point devant ma table à cartes. 36° 42' nord, 12° 58' ouest. Cap au 209. Pas terrible. Je suis trop à l'est. Il faudrait que j'attaque l'équateur le plus à l'ouest possible. Pas pour grimper au mât mais pour enfiler ce couloir gros comme le chas d'une aiguille où réside un espoir minime de ne pas rester englué trop longtemps dans la mélasse. En théorie, je devrais m'éloigner au maximum de l'Afrique pour me rapprocher le plus possible du Brésil. Mais la théorie c'était compter sans la dépression de l'autre nuit qui m'a obligé à longer les côtes du Portugal. Une belle trajectoire de loser, oui.

Déjà quatre jours de mer. Plus que vingt-trois mille six cent cinquante milles à parcourir, si j'en crois mes calculs. Super... Ils en sont où les autres ? Non, j'ai dit que je ne me préoccuperais pas de la course. Pas de la leur, en tout cas, juste de la mienne. Je me connais, je suis un compétiteur. Si je commence à mater le classement toutes les deux heures, je vais finir par me jeter

Seul au monde

dans la bataille. Comme lors de cette transat qualificative où j'ai pris des options risquées pour écrabouiller la concurrence alors qu'il suffisait de la terminer pour décrocher son billet. Je ne vais pas commencer à tirer sur la mécanique alors que la peinture sèche encore. La consigne est claire : j'ai souhaité que Jean-Gui ne me donne aucune information sur mon classement durant les deux premières semaines de course. Tant pis si ça ne fait pas sérieux. Je me fous des ricanements des gardiens du Temple. Ce n'est pas pour eux que je veux faire ce tour du monde. C'est pour moi. Et peut-être un peu pour les miens.

J'ai décidé de profiter de cette descente de l'Atlantique Nord pour m'acclimater à mon bateau. Je veux entrer en osmose avec lui. Il n'y a que comme ça que nous pourrons affronter les périls qui nous guettent. Je dois l'écouter, le comprendre, le ménager quand il en est encore temps. Je n'ai aucune envie que le monde extérieur vienne interférer dans notre couple. Le monde extérieur, ça fait cinquante-deux ans que j'en soupe. Il peut bien me lâcher pendant quatre mois. Je leur ai dit aussi de m'oublier avec les nouvelles de France et d'ailleurs. Les attentats, le chômage, les élections, le prix du gaz, tous ces trucs plus ou moins désespérants qui scandent nos existences en permanence.

Seul au monde

En fait, je me suis délesté de tous mes habits de terrien pour mieux communier avec mon bateau et vivre cette aventure à fleur de peau. Les gars de l'équipe avaient planqué des bouteilles d'alcool, du rhum et du champagne, dans les recoins de ma cabine. C'est la tradition quand on s'en va traverser les océans : « Tiens, ça, c'est pour passer l'équateur et celle-ci tu l'ouvriras quand tu auras franchi le cap Horn… » Marie avait même mis une bouteille de trouspinette « Chez Momo ». J'ai pris les bouteilles et je les ai vidées dans l'eau. Les gars tiraient un peu la gueule mais c'est ma décision : je veux faire ce tour du monde sans alcool, sans béquille. Sinon, je sais très bien que j'aurais descendu un petit verre au premier coup de moins bien, à la première dépression. Tiens, comme l'autre fois, avec cette prise de ris au large du Portugal : « Allez, je vais attaquer la bouteille de l'équateur pour me remettre… »

Zéro alcool, zéro photo. Pareil que pour les bouteilles, je les ai découvertes au dernier moment, scotchées sur la paroi au-dessus de ma couchette et planquées à droite à gauche. Des photos de notre équipe, des gens qui me sont chers. Déchirées, à la poubelle. Pas de livre, non plus. Pas de film, pas de musique. Ce n'est pas pour être plus dur, plus bourrin que les autres. C'est juste que je veux être seul face à la mer. Seul avec moi-même. Bien sûr que ça va être interminable. Sûrement qu'il y aura des jours où tout me manquera et les heures s'étireront à l'infini. Peut-être même que je vais m'ennuyer, par moments. Ça ne me dérange pas. C'est bien de s'ennuyer. Aujourd'hui, tout le monde a peur de s'ennuyer. Même les enfants, on les suroccupe pour éviter qu'ils passent leur temps à rêvasser. Mais c'est quand il rêvasse qu'un enfant devient créatif! Il prend un bout de papier, un bout de bois, il va s'inventer un jeu, il va s'inventer un monde. Je suis prêt à m'ennuyer. J'ai envie d'imaginer des choses, de créer des histoires. Moi, aussi, je veux m'inventer un monde…

Le seul accessoire que j'ai emporté par mégarde, c'est mon paquet de cigarettes. À terre, je fume comme un pompier. En tout cas, beaucoup trop. Je n'ai même pas jeté mon paquet. J'ai clopé les cinq cigarettes qui restaient à l'intérieur. Ça a dû me prendre deux heures, grand maximum. Et, ensuite, faute de munitions, j'ai arrêté. Ce coup-ci, il ne me restait plus rien. J'avais tout laissé derrière moi. Enfin, presque.

12 novembre, 6 heures du matin, 30° 48' nord, 18° 04' ouest. Je me suis laissé embarquer dans Madère, je navigue toujours trop bas, mais, à l'instant précis, ce n'est pas ma préoccupation principale. Je réponds au mail que j'ai reçu la veille: «Jean-Gui, j'ai bien réfléchi

à la situation telle que tu me la décrivais hier et je n'ai pas envie que vous affrontiez la tempête à ma place. Voilà ce que je propose : je mets le clignotant à gauche, demi-tour toute, je passe par Gibraltar et j'accoste à Toulon la semaine prochaine. À très vite. » Faut croire qu'ils ne dorment pas beaucoup, là-bas non plus. Coup de fil de Jean-Gui à 6 h 5.

— Tu es malade ! Je t'ai dit que la pile de factures grossissait à vue d'œil, que les lettres recommandées commençaient à pleuvoir, mais c'est gérable ! Je gère ! En plus, je le savais qu'il ne fallait pas t'emmerder avec le moindre truc…

— Le moindre truc… Soixante-dix mille ou quatre-vingt mille euros de dettes, ce n'est quand même pas vraiment négligeable. Je n'avais qu'à pas être aussi naïf quand j'ai vu ce mec à Paris. C'est à moi d'en payer les conséquences, non ?

— Séba, si tu rentres maintenant, je te… Enfin quoi ! on n'a quand même pas fait tout ça pour rien !

Et voilà. Avant de partir, je me suis débarrassé de tout sauf de ça. Une belle ardoise, contractée, pour l'essentiel, après qu'on a perdu notre mât, à huit semaines du départ. Il y a eu des gens du milieu de la voile qui m'ont contacté pour me proposer des solutions de rechange et même pour m'avancer de l'argent, un vrai élan de solidarité. Et parmi eux, un type d'une soixantaine d'années que je ne veux pas nommer, un financier féru de course au large qui m'a proposé cinquante mille euros sans contrepartie. Un don, pas un prêt. Évidemment, j'ai accepté. J'ai rencontré mon mécène à l'hôtel George V, juste avant de partir pour Perth. Il m'a parlé de sa passion, il m'a expliqué à quel point toutes mes mésaventures l'avaient touché, je n'avais aucune raison d'en douter. Sauf qu'il ne m'a pas donné le chèque. Entretemps, moi, j'avais engagé des dépenses supplémentaires. Des pièces neuves qu'on ne pensait pas changer, un forfait satellite grand luxe pour envoyer un max de vidéos, etc. Et à quarante-huit heures de départ, le mec m'a lâché définitivement. J'ai trouvé son message sur mon répondeur, genre : « Désolé mais ça ne va pas être possible... » Je savais que ça allait être tendu. Mais pas aussi vite, pas à ce point-là.

Voilà la situation. Quatre heures que je pèse le pour et le contre. Rentrer par Gibraltar ou continuer en sachant que cette histoire va me coller aux fesses durant tout le parcours ? J'ai bricolé l'hélice de l'hydro-générateur en pensant à ça. J'ai rempli les ballasts du milieu à cinquante pour cent en pensant encore à ça. Ensuite, j'ai balancé 1,3 t d'eau de mer dans ceux de l'arrière pour modifier l'assiette du bateau et cesser de piquer du nez vu que je suis poussé par le vent depuis hier soir. Et je pensais toujours à ça. Et là, maintenant, je suis assis sur le coffre de mon moteur face à des écrans qui me disent tous que ma route est trop à l'est pour attaquer l'équateur. Mais je ne sais même pas si je verrai le Sud un de ces jours. Nouveau coup de fil de Jean-Gui.

— Dis donc, tu n'es pas un peu trop bas, frangin ?

— Si, si, je sais…

— Bon, on a trouvé des solutions. Déjà, on a mis deux-trois fournisseurs en *stand-by*, les mecs sont OK, les lettres recommandées étaient purement formelles, pas de souci… Mais, surtout, on a trouvé une bonne façon de renflouer les caisses : il y a pas mal de sponsors qui seraient preneurs si tu pouvais intervenir de temps à autre par Skype et faire un petit bonjour à leurs salariés, à Noël ou pour le jour de l'an, par exemple… Avec ton super-forfait satellite, ça doit être jouable, non ?

— Alors, je continue, tu es sûr ?

— Un peu, oui !

Bon, trois minutes de vidéo par-ci, par-là, ça ne devrait pas perturber outre mesure mon splendide isolement. Maintenant, faut que je tienne au moins jusqu'à Noël… Je serai où à Noël ? Dans l'Antarctique ? Ça fait combien de Madère au cap Leeuwin ? Ah ! oui, quand même… Tiens, après-demain, j'ai vu qu'il y aura une super-lune. Un phénomène rarissime, à ce qu'il semble. Ça peut être sympa, tout seul, au milieu de l'Atlantique. C'est quoi ce message sur mon

Seul au monde

iPad ? J'ai dit « pas de messages » ! Quentin, classe de CM1, La Valette-du-Var : « Bonjour Sébastien. Où est-ce que tu jettes l'ancre de ton bateau quand il fait nuit ? » Génial. Merci Quentin ! Mon premier sourire depuis que je suis parti... J'adore cette idée de faire participer tous ces gamins à mon aventure.

C'est quand même beau l'innocence de l'enfance.

7.

On a déménagé en octobre 1971 et on a troqué nos cageots pour des vraies chaises. Notre maison dans la forêt, juste à côté du théâtre de Châteauvallon, est un palais en comparaison de notre premier appartement. Il y a un jardin, des pièces séparées par des vraies cloisons, des chambres à foison – tout le monde a la sienne sauf Xavier qui dort dans le garage – et même une salle de bains avec baignoire et tout le toutim. Il manque juste le chauffage. Ma mère a voulu l'appeler *Chanteloube* mais on a pensé que ça serait un peu répétitif avec le bateau. Du coup, elle l'a baptisée *La Forlane*, du nom d'une danse folklorique italienne. Je n'ai jamais vraiment compris le rapport. « Chanteloube », en revanche, je sais d'où ça vient : c'est le nom de la baie où on avait campé par moins cinq degrés au bord du lac de Serre-Ponçon. Comme quoi, cet échantillon de bonheur en famille n'a pas marqué que moi.

Seul au monde

Désormais, je sévis au collège des Eucalyptus, à l'autre bout d'Ollioules. Avec Hugues, on fait le trajet à vélo : sept kilomètres aller-retour, hiver comme été. Sinon, rien n'a changé. Dès que je suis à l'abri du regard de mon père, je prends ma revanche sur l'injustice. Je grandis en garçon gueulard, colérique, provocateur. J'aime la bagarre. Avec les élèves, les enseignants, l'institution. La loi n'a aucun pouvoir sur moi. Sauf celle que l'on m'inflige à coups de ceinture, mais ça ne va plus durer longtemps.

J'ai un bon souvenir lié à l'école. Pas deux. J'ai onze ans et un professeur de français, Mme Caplain, qui est une connaissance de maman. Un jour, elle nous demande d'apprendre un poème, *La Petite Colombe*.
— Je vous laisse le week-end. Lundi, je désignerai l'un de vous pour le réciter.
— Moi, madame, je suis volontaire.
— Qu'est-ce qui t'arrive, Sébastien ? D'où vient cette grâce soudaine ?

Il m'arrive qu'une idée folle a traversé mon esprit. J'ai envie de redécouvrir mon père sous son meilleur jour, comme si je pressentais qu'une époque s'achève. À défaut de m'aimer, il peut bien m'aider… Dès que je rentre à la maison, je vais cogner à la porte du bureau qui lui sert, désormais, de salon de musique. Je lui montre ma récitation : « Ne viens pas manger, petite colombe, le maïs qui va mûrir, ne viens pas dévorer, petite colombe, l'obscur et tendre plante... » Il se saisit de mon cahier et me regarde avec des yeux étonnamment doux.

— Tu veux que je compose quelque chose là-dessus ?

— Oui, papa, j'aimerais bien que vous mettiez mon poème en musique...

Il aurait mis un fer à repasser en musique. Il s'enferme, écrit la partition en moins d'une demi-heure. Ensuite, on travaille à l'orchestration durant tout le week-end. Toute la famille. Chacun un instrument. Papa rectifie les fausses notes, fait décoller la colombe avec sa flûte. Ses mains qui me punissent si souvent ne sont plus que délicatesse.

Le lundi matin, j'arrive en classe, mon magnétophone sous le bras. Mme Caplain ouvre de grands yeux :

— C'est quoi ce bazar ? Tu as enregistré ta récitation ?

— Non, madame. Je la connais par cœur. Je vais vous la dire. Mieux : je vais vous l'interpréter...

Je monte sur l'estrade, j'envoie la bande-son. Et j'attaque à la première envolée de violon : « Ne viens pas manger, petite colooommbe... » Un triomphe ! Vingt sur vingt, avec, en prime, les larmes de Mme Caplain !

Bon, en même temps, ce n'est arrivé qu'une fois... Le vingt sur vingt, pas les larmes de mes professeurs.

Il aurait peut-être fallu que la vie ressemble à une comédie musicale. Ma relation avec papa y aurait été toute différente. Il n'était plus le même homme, plus le même père, dès qu'il se mettait derrière son pupitre ou à son clavier. Le problème, c'est que même pour éduquer notre oreille, il a voulu diriger ça à la baguette. Après le dîner, chacun à notre tour, nous devions défiler dans son bureau pour réciter notre solfège. Je le revois, l'index pointé pour battre la mesure, raide comme un métronome. Xavier ? Passable. Claire ? Impeccable. Jean-Gui ? Bravo Jean-Gui ! Hugues ? En progrès… Moi, je ne sais pas si c'est parce que j'étais pressé d'expédier ce pensum, mais il finissait toujours par y avoir une note qui déraillait dans les aigus. La plupart du temps, j'en étais quitte pour un énième coup de cymbale sur la joue.

Même dans ce domaine, on a raté notre rendez-vous, mon père et moi. Je ne pense pas que j'étais le plus indigne de la famille quand il s'agissait de monter sur les planches. J'avais le sens du rythme et même une sacrée voix. Une voix riche et colorée qui aurait peut-être pu me conduire sur les traces de ma sœur devenue mezzo-soprano professionnelle. Mais mon père a toujours fait semblant de ne pas remarquer la précocité de mon organe. Je le rejoignais à la chorale de La Seyne-sur-Mer qu'il dirigeait tous les mercredis après-midi. Je tenais la note au milieu des adultes. Je chantais *Carmen* sans un souffle de travers. Jamais il ne m'a fait un compliment. Je m'époumonais dans le vide. J'étais

Seul au monde

le fils invisible, inaudible. Tout le monde à la maison louait ma puissance vocale. Sauf lui. Même Claire était jalouse de ce don, elle qui passait pour la Callas. « C'est insupportable d'avoir une voix pareille », s'agaçait-elle d'un ton admiratif. Si seulement papa avait pu m'en dire le quart...

Dans l'orchestre familial, Claire joue du piano et du violoncelle, Jean-Gui du violoncelle et de la contrebasse, Hugues de l'alto, Xavier et moi, les deux tricards, du violon. Je suis le plus mauvais de tous. À la maison, c'est ma seule défense. Dès qu'on m'impose quelque chose, je deviens une vraie bourrique. Ça ne m'empêche pas de goûter quelques beaux moments d'harmonie familiale. Les seuls, à vrai dire, si j'excepte nos aventures en bateau. Grâce à la musique, par exemple, la sempiternelle messe du dimanche me semble un peu moins longue. Papa met un point d'honneur à composer une partition différente pour chaque office. On y va avec nos instruments sur le dos et on joue de toutes nos cordes pour rendre hommage à son talent méconnu. Le regard ému des fidèles est sans doute une piètre récompense pour celui qui aurait pu aspirer à une carrière prestigieuse de concertiste. Mais il semble s'en contenter. Demain, comme tous les matins de la semaine, il montera dans sa voiture à 7 h 30 pétantes. Rasé de frais, le costume bien ajusté, il ira enseigner la musique à des adolescents qui n'en ont rien à foutre.

Jamais cinq minutes de retard. Jamais une demi-journée d'absence, même malade. J'aimerais ne voir en lui que sa part de génie artistique, mais il y a, dans sa vie, tant de choses qui me font du mal. Je ne lui ressemblerai jamais. Je veux mettre le monde à mes pieds, être riche à milliards. Je l'ai dit à Hugues, hier soir, dans notre chambre : « Plus tard, je serai Howard Hugues ou Claude François… » À mon grand étonnement, il n'a fait aucun commentaire. Il dormait déjà.

Bientôt, pourtant, ma vie d'enfant cesse de suivre son cours inexorable. Nous sommes en 1976, j'ai douze ans et les parents nous annoncent qu'ils vont divorcer. Enfin, c'est maman qui claironne ça. Papa, lui, ne veut pas entendre parler de séparation, encore moins de divorce. Il refuse de quitter la maison, dort pendant un an sur le canapé de son bureau. Par la suite, il déménagera dans un petit appartement au cœur de Toulon, mais il ne baissera pas les armes, luttant contre l'infamie par tous les moyens.

Dans une famille comme la nôtre, cette séparation est un événement considérable. Pour moi, c'est presque une broutille. Depuis le temps qu'ils s'engueulaient comme du poisson pourri. Je ne parlais déjà pas beaucoup à mon père, après son départ, je lui parlerai encore moins. Contrairement à mes frères, je n'ai pas dû lui rendre visite plus d'une douzaine de fois dans l'appartement où il est resté jusqu'à sa retraite. Lorsqu'elle se produit, la déflagration provoquée par ce séisme arrange plutôt mes affaires. Elle assourdit le bruit des casseroles que je traîne de collège en collège.

En cinquième, il n'y a plus qu'une seule discipline qui éveille un vague intérêt de ma part : la technologie. Pour construire des maquettes de bateaux. Dans les autres matières, je ne suis pas nul. En cours de maths, je me rends bien compte que j'ai des facilités : je pige les problèmes au quart de tour. C'est même pour ça que je m'y ennuie très vite. Du coup, je tue le temps en multipliant les conneries plutôt que les litres d'eau dans la baignoire. Je réponds aux profs, je les provoque, je les toise. Je sape sans relâche leur autorité. Les heures de colle s'accumulent, les conseils de discipline aussi. Tant et si bien que ma mère juge plus prudent de m'exfiltrer du collège d'Ollioules au beau milieu du deuxième trimestre. Sûrement qu'elle a des passe-droits au niveau de la carte scolaire parce que, à partir de là, je suis parti pour un sacré tour de France...

Direction les Landes, pour commencer. Du côté de Morcenx, chez oncle Claude, mon parrain. Une sorte de sas de décompression jusqu'aux vacances de Pâques. C'est dommage, car j'y serais bien resté plus longtemps. Durant un mois, je troque mon cartable pour la scie et les travaux au grand air. Mon parrain régit un vaste domaine forestier, la pinède s'étend à perte de vue. Je martyrise les souches sans sourciller. Ça ne rigole pas avec le maître des lieux mais son autorité glisse sur moi presque naturellement. J'écoute, j'exécute, je tranche, j'empile, je monte à cheval, je conduis la voiture avec ses fils. Je n'ai que douze ans et c'est comme si j'en avais dix-huit. J'obéis, car, sous la poigne un peu rude d'oncle Claude, tout le monde est à la même enseigne.

Après les Landes, l'Alsace. Pour finir l'année scolaire, ma mère m'envoie chez mon oncle militaire, Maxime, qui a été muté à Strasbourg. Je traverse la France sans états d'âme. Là-bas, je retrouve mes cousins et mes cousines, la bonne humeur du camping de Serre-Ponçon et de nos sorties à Porquerolles. Je ne suis pas pressé de reprendre ma place parmi les miens. Ils me manquent à peine. J'ai reçu des nouvelles de Hugues, ça m'a quand même fait plaisir. Il paraît qu'avec cette histoire de divorce l'ambiance à la maison est encore plus détestable qu'avant. Papa vit en quarantaine dans son bureau-chambre à coucher, maman enrage au milieu des papiers d'avocats. Plus détestable qu'avant, pourtant, j'ai du mal à imaginer.

En tout cas, moi, ça roule. J'ai fini ma cinquième en boulet de canon et, sur ma lancée, je me retrouve à Pontoise, en banlieue parisienne, pour la rentrée suivante. J'habite chez une sœur de maman, Hélène, une vraie mère poule. Je suis le seul garçon de la maison. Je découvre un essaim de cousines charmantes, je suis chouchouté, « mon neveu adoré » par-ci, « mon cousin chéri » par-là. En classe, je n'ai plus le cœur à me bagarrer. Mon jumeau n'est pas là pour que je le défende, mes parents sont trop loin pour que le scandale les éclabousse. Il n'y a plus d'enjeu. Je préfère filer droit. Droit vers mon destin. Le passage en troisième est une formalité.

Cette fois, c'est à Marseille que maman a choisi de m'expédier. En pension chez les Jésuites, à l'école Lacordaire. Rien qu'à cet énoncé, je regrette déjà l'ambiance sucrée de chez tante Hélène. J'ignore si c'est la rudesse du pensionnat, le parfum de la Méditerranée ou le fait de me retrouver dans les pas de mon père, ancien élève de cette institution, mais je sais que la spirale vertueuse qui m'avait propulsé aux quatre coins de la France s'arrête là. Je ne me fais aucun ami dans cette école. Je suis le seul élève de troisième qui passe sa vie entre ces murs. Dans notre chambrée de huit, mes voisins ont deux ou trois ans de plus que moi. Ils sortent le soir en catimini, vont boire des coups sur le Vieux-Port. Je n'ai pas ma place avec eux. La nuit, je rumine, le jour, je m'ennuie. Je recommence à asticoter mes professeurs. Rien de grave. Même pour ça, je manque d'entrain.

Seul au monde

Au terme de cette année interminable, il y a le BEPC. Un diplôme lambda, sauf pour moi. Je sais déjà que je n'irai pas plus loin. Je passe mon brevet et je plonge dans la vraie vie. C'est ce que je me dis tous les soirs en regardant le plafond du dortoir. Pourtant, le jour de l'examen, je décide de sécher les épreuves. Ça me prend le matin même en montant sur mon vélo de course gris. Je traverse Marseille en direction de La Ciotat. Je passe devant le collège où les candidats s'entassent sur le trottoir. Et là, au lieu de freiner, je continue d'appuyer sur les pédales. De plus en plus fort, la tête dans le guidon, comme un prisonnier en cavale. Finalement, je rentre à Ollioules par la route de la côte. Soixante-dix kilomètres avalés d'une seule traite, sur un coup de tête. Je n'ai pas réfléchi. C'est le vent soudain de la liberté qui m'a enivré. Si j'avais réfléchi, je n'aurais pas fait une année de plus en cage.

Je redouble ma troisième au lycée des Pins d'Alep, juste à côté de la maison. Je joue à domicile et je retrouve mes vieux réflexes. J'enchaîne les bagarres, je me fais virer de tous les cours, sauf en éducation physique. À quinze ans, j'ai déjà un corps d'athlète. Mes muscles finissent de se sculpter lors des régates départementales que je dispute avec Hugues sur un 420 du yacht-club de Toulon. Pour moi, la voile n'est plus seulement une récréation. L'année précédente, j'ai découvert l'attrait de la compétition lors des rares week-ends où je pouvais m'échapper du pensionnat. Aux rêveries enfantines est venue se substituer l'excitation du combat. Mon caractère bouillant est le complément idéal de la sérénité cartésienne de mon jumeau.

J'ai le sentiment d'être à l'aube d'une belle aventure sportive et ça ne fait qu'aviver ma frustration lorsque je retourne en cours. D'ailleurs, je n'y reste jamais très longtemps. Je passe mes journées dans le couloir et dans le bureau du principal, M. Duvalon, qui finit par s'adresser à moi comme si j'étais son animal de compagnie : « C'est tout de même pas comme ça que votre mère vous a dressé ? » Je me jure de lui garder un chien de ma chienne. Là-dessus, la prof de musique m'ordonne de quitter la classe, une fois de plus, une fois de trop. J'attrape un extincteur accroché là et je le vide dans la salle. Insultes, menaces... Conseil de discipline XXL. Claude et Odile, des amis de maman, fournissent des témoignages de moralité comme s'il s'agissait du procès du siècle. Rien n'y fait. La sanction tombe, quasi historique : radiation de l'Éducation nationale. « Vous êtes interdit de séjour partout mais vous avez le droit de revenir ici pour les épreuves du BEPC que vous ne réussirez pas, bien évidemment... », lâche ce cher Duvalon en refermant la grille derrière moi.

Je suis revenu, trois mois plus tard, et j'ai réussi l'examen en tant que candidat libre. À l'oral. À l'arrache.

Seul au monde

Ce jour-là, le principal était posté devant le panneau des résultats, le regard fixé sur mes notes, comme s'il cherchait à recalculer ma moyenne. La mine défaite, M. Duvalon s'est ensuite tourné vers moi et je lui ai fait un magnifique bras d'honneur. J'ai trouvé que ça résumait assez bien mon parcours et mon état d'esprit durant toutes ces années. C'était ma récompense. D'ailleurs, je ne suis jamais allé chercher mon diplôme.

Seul au monde

© AFP Photo/Jean-Sébastien Evrard

J'ai beau être un néophyte, je connais la réputation du Vendée Globe, sa légende, ses faits d'armes, ses deuils. Une épreuve qui pousse les hommes et les machines dans leurs ultimes retranchements. La vraie gageure, à mes yeux, ce n'est pas de surmonter mes peurs. C'est la solitude. Serai-je capable de supporter un si long silence ?

6 novembre 2016

Le jour J, je suis glacé, figé, pétrifié sur le pont arrière de mon bateau. J'ai fait le fort durant des mois, j'ai bluffé mes détracteurs, j'ai déplacé des montagnes, et là, à cette seconde précise, je me sens tout petit. Mais il est trop tard pour y changer quoi que ce soit. À 13 h 2, l'énorme détonation me fait sursauter. Je pars, là ! Putain ! Je pars…

Quatre ans que j'y pense

En 2015, pour acquérir un bateau, je décide de tout vendre. Je n'ai plus rien. Plus de bagnole, plus de maison. Mon budget est aux antipodes des cadors qui mettent en chantier un prototype conçu pour la gagne. Je passe des heures sur Internet pour dégoter une affaire. En mai, on me signale enfin une occasion au Cap, en Afrique du Sud. Je fais aussitôt mes valises. Non seulement le prix est négociable, mais le vieux rafiot me plaît. On ne peut pas faire plus rustique. Là-dessus, il faudra naviguer à l'ancienne, à l'huile de coude…

Deux mois plus tard, je retourne au Cap pour préparer le retour du bateau en France. J'ignore tout de ce qui m'attend. Je n'ai jamais navigué sur un Imoca de dix-huit mètres, jamais franchi l'équateur. C'est la première fois que je me lance dans un périple de 8 000 milles. Même pas un tiers du Vendée Globe…

En mars 2016, j'effectue mon premier test de jauge à Toulon, histoire de contrôler l'angle de chavirage du bateau. Deux mois avant le départ, on remet ça. J'y vais mollo quand, soudain, un craquement puis le bruit d'un éboulement déferlent sur le port. Le mât de 25 m s'est brisé comme une allumette. L'heure est grave. Je n'ai quasiment plus un radis…

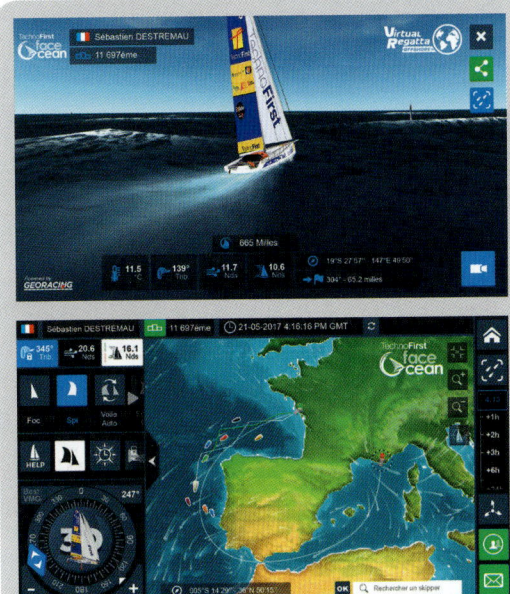

Je ne peux pas oublier l'élève tourmenté que j'ai été. J'ai envie que les enfants de CM1 et CM2 suivent mon périple pour humer l'air du large. Alors, avec ma mère, ancienne institutrice, je retourne à l'école « Le Château », à Ollioules, où j'étais scolarisé. J'aimerais leur apporter à tous une bouffée de rêve.

Ce Vendée Globe, je vais aussi pouvoir le partager avec les inconditionnels du jeu **Virtual Regatta**. Un succès foudroyant : près de 500 000 skippers en ligne. C'est en animant la course virtuelle de 2012 que l'idée folle de me lancer dans l'aventure s'est imposée à moi. Le soutien du fondateur du jeu, Philippe Guigné, sera sans faille.

La veille du départ, je fais bénir mon bateau. Une messe aussi a été donnée aux Sables-d'Olonne pour les marins. Il faut croire que les grands pros de la course comptent sur leur seul savoir-faire pour triompher de l'adversité. En fait, on n'est que deux skippers dans l'assemblée : Romain Attanasio et moi. Sûrement qu'on doit pressentir que toutes les aides, mêmes divines, seront les bienvenues pour aller au bout de notre périple. De tous les objets qu'on cherche à me laisser, je ne garde qu'une bible. Je ne l'ouvrirai pas.

L'ombre du Commandant

Maxime Destremau

Pierre Destremau, « le Commandant »

Chez les Destremau, on n'a longtemps juré que par la Marine nationale. Mon arrière-grand-père, Maxime, a défendu victorieusement le port de Papeete, à Tahiti, pendant la Grande Guerre. Mon grand-père, Pierre, était officier sur le contre-torpilleur *L'Indomptable*, envoyé par le fond, à Toulon, en novembre 1942.

Papa, lui, Pierre-Arnaud, n'a jamais fait carrière dans la Marine. À l'adolescence, il s'est découvert une passion pour la flûte traversière. Quelques années plus tard, il remportait le premier prix du Conservatoire national de Paris, devant Jean-Pierre Rampal. Dans sa famille, la pilule a eu du mal à passer. Mon grand-père ne voulait rien savoir de la carrière d'un « saltimbanque ».

Petits derniers

Sur les bords du lac de Serre-Ponçon, à Pâques 1969, j'ai quatre ans.

Mes parents se sont mariés en 1955, à Boissey, dans les Yvelines. Claire est née l'année suivante. Puis il y a eu Xavier, de deux ans son cadet, et Jean-Guillem quatre ans plus tard. Hugues et moi, nous sommes nés à Plancoët, dans les Côtes-d'Armor. Maman ignorait qu'elle attendait des jumeaux. Quand je suis sorti en premier, la sage-femme a dit à ma mère : « Attendez, continuez, il y en a un autre derrière… »

À ma droite, Hugues, Jean-Guillem, Xavier et Claire. Je mettrai longtemps, paraît-il, à me tenir assis.

Entre baffes et cadeaux

Mon père, ce bloc de pierre, pouvait témoigner, parfois, d'une incroyable générosité. Un matin, nous avons découvert un petit Corsaire nommé *Wohin* mouillant dans le port de Toulon à côté de *Chanteloube*. « C'est pour vous, les enfants », a lâché mon père le plus naturellement du monde. Quelques années plus tard, séparé de ma mère, il nous offrira un bateau de course, *Tomana Api*. « Pour vous faire un nom… »

Enfant, je pensais qu'il suffisait de prendre la mer pour que la vie devienne un peu plus douce. Par chance, nous avons toujours eu des voiliers dans la famille. Avec mes frères, on jouait aux pirates, on sautait du bateau et on nageait jusqu'à l'île de Porquerolles.
Parmi les cinq enfants de papa, j'étais la tête de Turc. Il ne me passait rien. Je n'ai jamais compris pourquoi.

De haut en bas : **Wohin**, **Chanteloube** et **Tomana Api**. Au centre, **Le Crâneur**, premier bateau construit par mon père en toile enduite de goudron.

Fous furieux

Championnat du monde à Cadix, 1991. Avec mes frères ou des marins professionnels, j'ai besoin de ces coups de gueule qui rythment nos régates quand on se trouve bord à bord avec un adversaire et que la victoire va se jouer sur le fil. Des trucs de fous furieux. J'aime que ça tchatche, que ça chambre, que ça bastonne. Je suis tout sauf un solitaire. En 1987, avec mes trois frères, nous remporterons le titre mondial par équipes à La Rochelle.

Les voiles de Saint-Tropez, 2016. *Ikra* est une vraie commode Louis XV, l'un des bateaux les plus prestigieux au monde, ancienne propriété du baron Bich. C'est Yves-Marie Morault, le père de mon pote Grégoire, qui en est aujourd'hui l'armateur. Souvent il m'en confie la barre. Avec ce bateau, on a gagné plusieurs courses. Le 6 novembre, aux Sables-d'Olonne, Grégoire, qui, en souriant, s'est toujours excusé de m'avoir encouragé à prendre le départ du Vendée Globe, tranchera ma dernière amarre.

Le Maillon

En 2007, j'investis toutes mes économies dans l'achat d'un bateau. Cette folie, je la fais pour mes enfants, en me souvenant de mon propre père et de *Wohin*. Ça m'avait permis de lui pardonner tellement de choses… Je ne choisis pas le nom du bateau au hasard : *Le Maillon*, c'était le titre que notre grand-père, alors en poste à Saigon, avait donné à son journal trimestriel dédié aux nouvelles de la famille Destremau. Soixante ans plus tard, ce journal existe encore, lien indestructible entre nous, malgré la distance et les épreuves.

Mes trois grands enfants, Florian, Tiphanie et Romain, mes jumeaux, Jade et Marshal, qui vivent avec leur mère en Australie, et mes deux petits-enfants, Teo, fils de Florian, et Lyssana, fille de Romain.

Florian

Tiphanie

Romain

Marshall et Jade

Teo et Lyssana

Dans l'enfer du Vendée Globe

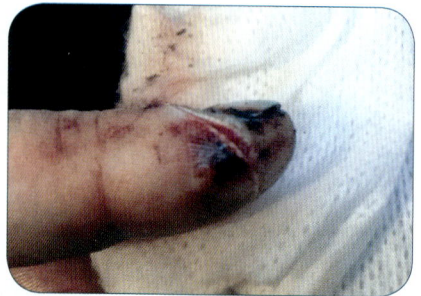

Aïe ! ça pisse le sang ! Il n'y a que moi pour me blesser tout seul après quelques heures de course. Tout ça, c'est à cause du bordel qui traîne encore sur le bateau... J'ai vu un bout de cordage qui battait dans le vent, j'ai voulu le faire passer dans un œillet, ça passait pas, j'ai forcé avec un couteau, crac ! Ça va être sympa à cicatriser, avec la flotte, le sel, les manœuvres...

A priori, je vais passer 20 heures sur 24 dans mon petit chez-moi de 10 m². Mon bureau... Pour l'instant, ça va, mais, quand on attaque les mers du Sud, il vaut mieux chausser de la semelle triple épaisseur, la flotte est à 5 degrés. Autant dire qu'avec mes tongs je vais avoir l'impression de marcher sur des glaçons.

L'océan Indien s'ouvre devant moi. J'ai peur. Quand ils s'en retournent, les grands marins dépeignent tous l'Indien avec le même effroi : la traîtrise des vagues croisées, les nuits sans sommeil, les tempêtes qui se chevauchent, le vide immense dans lequel ils se sont précipités et d'où ils n'ont réchappé, parfois, que par miracle. Et ceux qui ne disent pas ça, c'est qu'ils n'en sont jamais revenus.

« Fais-le pour nous… »

Photo prise par la caméra automatique de technoFirst-faceOcean

Le cap Horn, ce caillou mythique où tant de marins ont englouti leurs rêves. Le mien a survécu… Je sais enfin ce qu'est devenu l'enfant qui s'était juré de briser l'injustice et d'épater les siens. Ce matin, mon frère Jean-Gui m'a écrit : « Quand tu passes le cap Horn, regarde-le bien droit dans les yeux et n'oublie pas de lui dire "Salut, mec, tu as le bonjour de la famille Destremau !" Et si tu ne le fais pas pour toi, fais-le pour nous… »

11 mars 2017

Je suis le dernier... Je ne sais même pas si les lampions seront encore allumés pour mon arrivée aux Sables-d'Olonne. Je m'en fiche. C'est quand l'obscurité tombait et que ma vie défilait que j'ai compris ce que j'étais allé chercher si loin, si seul. Là-bas. Au sud du sud. Et tout au fond de moi-même.

Le lendemain, en début d'après-midi, je découvre qu'une foule immense s'est massée le long du chenal des Sables-d'Olonne pour accompagner mon retour sur terre. Je suis fêté comme un rescapé. Ma procession chaotique rappelle qu'il y a encore de la place dans cette course pour un vagabond des mers.

Mamita

Ma mère est là. À 85 ans, elle n'en finira jamais de me surprendre. Depuis Toulon, Mamita, comme on l'appelle, a traversé la France au volant de sa vieille guimbarde pour me féliciter.
Elle plante ses yeux secs dans mon regard embué.
– Bravo mon garçon !
– Maman, vous…
– Fière… Putain… de merde !
Chez nous, une telle déclaration d'amour frise l'indécence.

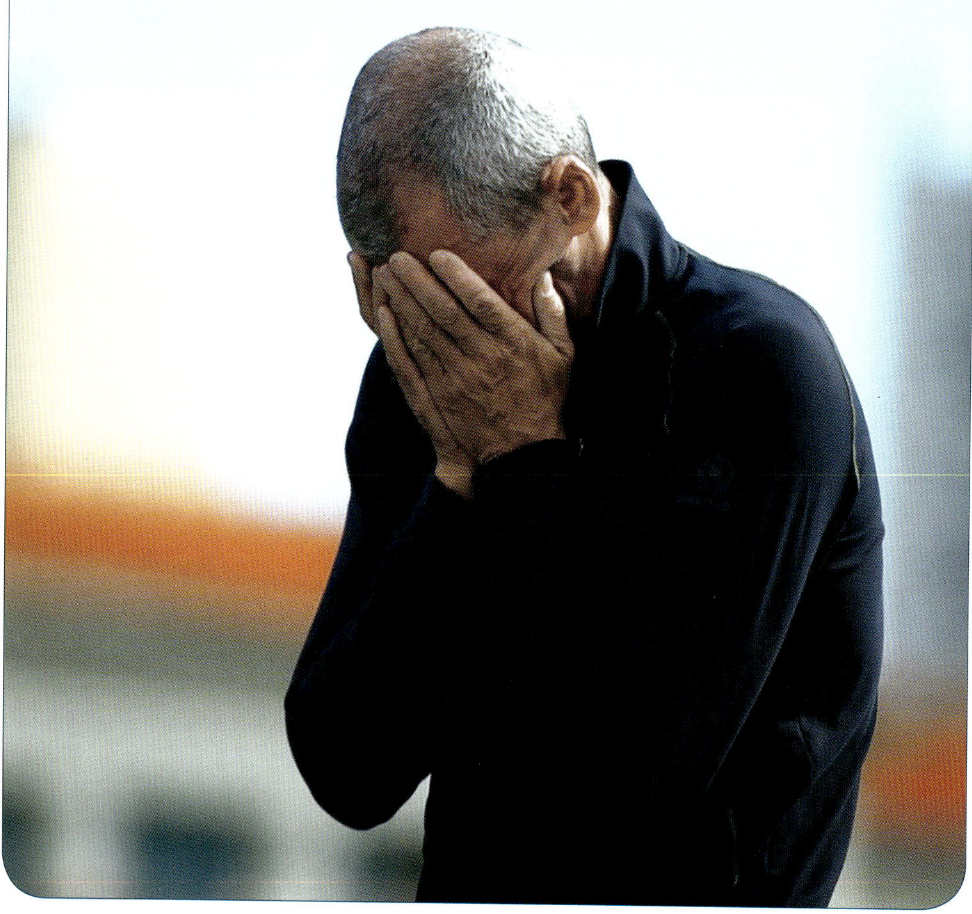

Aujourd'hui, je ne possède rien, ni carrière, ni chez–moi. Pour participer à cette aventure, j'ai tout vendu, tout sacrifié. Mais j'ai conquis ma liberté. De là–haut, je suis sûr que papa me regarde.

8.

Je n'ai peut-être pas poussé mes études, mais j'ai ramené ma science en envoyant à terre une vidéo de périgée-syzygie. Il paraît que c'est le nom savant de cette super-lune qui ne se produit qu'une fois par siècle. Je suis peut-être nul en astronomie mais il y en a beaucoup qui auraient rêvé d'être à ma place ce 14 novembre quand, sur les coups de 18 heures, la boule énorme et pâle s'est extirpée de l'océan. Je taillais tranquillement ma route vers les îles du Cap-Vert, les alizés avaient chassé tous les nuages à l'horizon, le ciel était aussi vierge que la toile du peintre avant le premier coup de pinceau. J'ai couru sur le pont arrière et je me suis assis contre le coffre qui contient mon radeau de survie. Le spectacle était sublime. Doublement sublime. À tribord, un astre écarlate s'éteignait doucement dans l'océan et, à bâbord, cette lune grosse comme un soleil s'ébrouait dans un halo blafard. Mon regard passait de l'un à l'autre. Le bateau filait à quinze nœuds au milieu de nulle part, il n'y avait aucun bruit que la caresse des alizés sur la grand-voile. Pour moi tout seul, j'avais deux soleils dans le même ciel. Vue de la terre, il semble que la super-lune ne mesure que quatorze pour cent de plus que son diamètre habituel, mais ça, c'est des calculs de bas étage. Là où j'étais, ce soir-là, je jure qu'elle était bien plus imposante que ça. Ou, alors, je l'ai rêvée...

Ma route est toujours trop à l'est par rapport à ce satané pot au noir. 21° 14' nord, 22° 29' ouest. Cap au 188. Depuis que je me suis laissé embarquer vers le sud du Portugal à la première dépression croisée en chemin, j'ai du mal à redresser la barre. J'aurais peut-être dû sacrifier une demi-journée, partir à quatre-vingt-dix degrés, cap à l'ouest, ça m'aurait permis d'attaquer la traversée de l'équateur par le bon bout. Mais j'ai eu peur de perdre douze heures pour rien. D'accord, je suis parti dans le dessein ultime de boucler le Vendée Globe. Je sais que je ne joue pas dans la même cour que la plupart de mes adversaires. Pour autant, je n'ai pas envie de mettre quatre mois, voire davantage, pour retourner aux Sables-d'Olonne. Pourquoi pas quatre ans, tant qu'on y est...

J'ai presque tenu parole. Je m'étais promis de ne pas consulter mon classement durant les deux premières semaines de course. Au soir du onzième jour, je me suis dit que c'était le bon moment. *technoFirst-*

faceOcean filait toutes bâches dehors. Dans la matinée, j'avais envoyé le A2, ce gigantesque spi qui, grâce à son asymétrie, permet de naviguer à fond de caisse avec des vents ouverts à cent cinquante-cinq degrés. Bref, cette fois, j'avais le sentiment d'être véritablement entré dans la course. J'ai téléchargé le classement du 17 novembre, à 22 heures précises, et je l'ai détaillé dans ma couchette tandis que mon bateau fendait les flots et que ma cabine résonnait comme la caisse d'un violoncelle.

La première chose qui m'a sauté aux yeux, c'est que le Britannique Alex Thomson s'approchait déjà de l'équateur, pulvérisant tous les records établis jusque-là. Ensuite, je suis descendu tout en bas de la page, pour trouver mon classement. Enfin, pas tout à fait. J'avais deux adversaires derrière moi. Le jeune Espagnol Didac Costa qui était revenu à quai, sitôt après le départ, à cause d'une avarie de ballast. Et le pauvre Tanguy de Lamotte contraint à un abandon imminent après avoir brisé sa tête de mât au large du Cap-Vert. J'ai dit « le pauvre », mais, en fait, je ne le connais pas plus que ça, ce n'est pas mon pote. Je sais seulement qu'après une belle performance dans l'édition 2012 il a monté un projet ambitieux avec un budget proportionnel pour ce Vendée Globe. Je me mets à sa place. Avec ce que j'ai vécu ces derniers mois, ces dernières années, j'imagine sa détresse devant tout ce boulot réduit à néant.

En fait, je pense surtout : « Pourvu que ça ne m'arrive pas à moi… »

Vingt-septième sur vingt-neuf, à plus de mille six cents milles d'Alex Thomson, son *Hugo Boss* et ses foils à cent soixante mille euros la paire… Le mec va à peu près deux fois plus vite que moi : ça calme ! En même temps, je ne viens pas de la même planète que tous ces champions qui jouent leur carrière tous les quatre ans et vivent leur passion comme des ascètes. J'ai aperçu Armel Le Cléac'h sur les quais des Sables-d'Olonne, quelques jours avant le départ. Des cerbères le protégeaient de tout contact avec le public. Armel ne serrait pas la main des spectateurs de peur d'attraper des maladies… Moi, à la veille de lever l'ancre, je mangeais une pizza quatre fromages avec toute la bande dans un restaurant près du port. Même que la soirée s'est terminée en western parce que les jeunes de la table d'à côté faisaient un boucan d'enfer. On a fini par hausser le ton, nous aussi, le plus costaud d'entre eux m'a attrapé par le colbac en éructant des trucs pas sympas, mon sang n'a fait qu'un tour et les chaises ont volé bas. Ça faisait longtemps que ça ne m'était pas arrivé. Ça m'a rappelé la bonne époque. Sûrement que j'étais un peu sur les nerfs, aussi. Ce n'était pas une bonne idée de me chercher juste à ce moment-là.

Seul au monde

Certes, je suis déjà à perpète des cadors de l'épreuve mais, en chaussant mes lunettes, je me rends compte que le gros de la flotte n'a que cinq ou six cents bornes d'avance sur moi. Vu que j'ai abordé ces préliminaires comme une sorte de rodage, je trouve que c'est plutôt encourageant. En plus, mon index a fini de cicatriser. Je serai quand même mieux avec mes dix doigts pour manœuvrer. Quand je me suis blessé, je l'ai signalé immédiatement auprès des autorités médicales puisque la procédure est assez stricte de ce point de vue-là. Avant le départ, on a eu un briefing très complet avec le docteur Jean-Yves Chauve qui est *the* médecin du Vendée Globe depuis la création de l'épreuve. Un homme très compétent, et sympathique avec ça, ce n'est pas le problème. Le problème, c'est qu'il nous a expliqué qu'en vertu de son libre arbitre il se réservait la possibilité de transmettre les informations qu'on lui donnerait à la direction de course. Évidemment, je n'ai pas pu m'empêcher d'ouvrir ma grande gueule.

— Dites-moi, docteur, si j'ai une crise d'hémorroïdes, je ne suis pas sûr d'avoir envie que tout le monde le sache… Le secret médical, ça compte, non, même sur le Vendée Globe ?

— Je ne pensais pas vraiment à ce cas de figure… Mais il se peut que j'estime, selon la gravité de la blessure, qu'un skipper n'est pas en état de continuer la course. Dans ce cas-là, c'est mon devoir d'en avertir la direction de l'épreuve.

— Oui, bien sûr, je comprends.

J'ai surtout compris qu'il ne fallait pas qu'il compte sur moi pour envoyer un bulletin de santé quotidien. Certes, dans les cas extrêmes, il est possible qu'avec l'isolement, la fatigue, la douleur un concurrent ne soit plus en état de raisonner. J'admets que si le type devient fou, il faut prendre la décision à sa place et appuyer sur le bouton pour le secourir. Mais si je me tranche à moitié un doigt ou si je me pète un truc pas grave, personne ne me dira ce que je dois faire. Du coup, j'ai fait le minimum syndical avec le docteur Chauve. Je lui ai signalé mon problème et basta. Il m'a relancé plusieurs fois pour me donner la marche à suivre et surveiller l'évolution de la cicatrisation mais je n'ai pas répondu.

5° 29' nord, 23° 22' ouest. Deux semaines de course pour en arriver là. Le bateau est scotché sur l'océan. Il règne une chaleur de four dans la cabine, j'ai occulté les hublots avec des sacs à voile pour faire baisser la température. L'humidité frôle les cent pour cent. Depuis vingt-quatre heures, j'ai des grosses plaques rouges qui ont poussé sur mes cuisses mais le médecin peut se gratter pour que je les lui signale. Je soigne mes boutons avec des lingettes pour bébé que j'ai trouvées

Seul au monde

dans ma trousse à pharmacie. À part ça, tout va bien. La semaine dernière, je me suis senti un peu moins seul quand un peloton de dauphins m'a escorté pendant une bonne partie de la nuit. Ils longeaient les flancs du bateau, le dépassaient d'un coup de reins, sautaient de part et d'autre de l'étrave, sûrement qu'ils le prenaient pour un gros squale. Je les ai observés jusqu'à 2 heures du matin, le projecteur du pont avant braqué sur leur ballet. Ensuite, avant de sombrer dans une nuit de quatre heures, j'ai chantonné l'air qui me trotte dans la tête dès que l'épuisement me gagne, un vieux tube de Daniel Balavoine. « *C'est pour ça qu'aujourd'hui, je suis fatigué, c'est pour ça qu'aujourd'hui, je voudrais crier : je suis pas un HÉROS...*[1] »

Jusqu'au dernier moment, j'ai espéré passer à travers les gouttes. Comme prévu, je suis beaucoup plus à l'est que les autres pour aborder le franchissement de l'équateur. Pourtant, sur la carte météo que je lis comme un grand depuis que Jaco m'a donné des cours particuliers, j'ai repéré une fenêtre de tir pour passer le pot au noir sur un malentendu. Finalement, le temps que j'y arrive, le filet d'air s'est barré : voilà deux jours que *technoFirst-faceOcean* fait du surplace dans ce hammam à ciel ouvert. Coralie, neuf ans, me demande si j'ai

---

1. *Je ne suis pas un héros*, 1980. Auteur, compositeur : Daniel Balavoine. Barclay Nouvelle Édition.

réussi à voir « le pot au noir ». Non, Coralie, même s'il s'agit d'une sorte de passage à niveau de quelques centaines de kilomètres, il n'y a pas de marque distinctive signalant la zone intertropicale de convergence des alizés de l'Atlantique Nord et des alizés de l'Atlantique Sud. Je crois me souvenir que l'appellation « pot au noir » remonte au temps de la marine à voile quand les bateaux d'esclaves restaient encalminés sous ce climat malsain et que les maladies se répandaient à bord. Nombre de malheureux ont, ainsi, été jetés à la mer dans les parages. Les temps ont changé, pas les conditions météorologiques. Il n'y a pas de marque distinctive, Coralie, si ce n'est que, dans cette région, n'importe quel marin normalement constitué a tout le temps envie de pleurer devant le spectacle de son bateau inerte.

Le pire, c'est qu'il ne se passe rien mais qu'il peut se passer quelque chose d'énorme à n'importe quel moment. Je suis sans cesse sur le qui-vive. Bien plus que quand je filais à quinze nœuds au large du Cap-Vert. Je passe ma journée sur le pont à observer les cumulonimbus noirs comme le plomb qui dansent au-dessus de ma tête. Ces nuages font des kilomètres de haut. Ils peuvent déverser des tonnes de flotte en quelques secondes, avec des gouttes grosses comme des balles. Ils peuvent aussi dissimuler des coups de vent soudains qui viendront emporter toute la toile que j'ai déployée pour essayer de me frayer un chemin jusqu'à l'équateur. Comme je suis tout le temps dehors à scruter le ciel, j'en profite, dès que ça tombe, pour faire la grande toilette automne-hiver. Ça sera mes seules douches du Vendée Globe, je le sais, sauf si je parviens à faire le tour du « glaçon » et que dans deux mois et des poussières je repasse par là en sens inverse. Je me lave au gant, je me shampouine, je récure le sel qui s'est incrusté dans tous les pores de la peau. Et je me demande bien d'où viennent ces plaques rouges qui sont apparues aussi subitement qu'une pluie d'orage.

J'espère que ça ne vient pas de la bouffe. J'ai ouvert mon troisième sac hebdomadaire avant-hier. Les treize qui restent sont entreposés dans le compartiment arrière de la cabine, là où il y a toute la tuyauterie des ballasts, mes outils, les pièces de rechange, ma panoplie pour les froids polaires qu'il me faudra affronter après avoir quitté la fournaise de l'équateur. Cet endroit, c'est ma petite épicerie de quartier ouverte vingt-quatre heures sur vingt-quatre, je l'appelle « Chez Momo » quand je me parle tout seul, ce qui arrive de plus en plus souvent. J'ai demandé à mon équipe de préparer seize sacs parce que ça fait de la nourriture pour cent douze jours de mer et que ça me paraît amplement suffisant. Sur ce plan, l'organisation est nickel. On a prévu huit sacs pour l'Atlantique et les zones tempérées, sept sacs pour le grand froid et un sac de secours au cas où j'aurais un petit empêchement en cours de route. Le régime change du tout au tout en fonction du déroulement de la course. Pour l'heure, j'ingurgite deux mille cinq cents calories par jour mais dès que j'attaquerai l'océan Indien, la ration quotidienne grimpera à cinq mille calories. La moitié des repas sont lyophilisés, les autres stérilisés. J'essaye de me garder les plats cuisinés pour le soir parce que, avec le lyophilisé, j'ai l'impression de retrouver la purée en flocons de ma mère. Tout à l'heure, je vais réchauffer un bœuf-carottes sur mon réchaud à gaz coincé entre la couchette et le tableau de bord et je sais déjà que ça va me consoler de ma journée pourrie vu que j'en ai déjà mangé quatre fois depuis le départ et que c'est mon plat favori. Par contre, les boulettes de viande aux tagliatelles, il faut vraiment que je les réserve pour les moments où tout glisse parce que même des chiens ne les mangeraient pas. N'empêche, quand j'ai ouvert mon troisième sac hebdomadaire, pour la première fois, j'ai ressenti un joyeux pincement au cœur, un peu comme si c'était un cadeau avec plein de surprises dedans, des noix, des goodies, des barres de chocolat… Je pense que ce sont les premiers symptômes de l'éloignement et de la solitude : ça exacerbe les sentiments.

Ce qui est bien avec le pot au noir, c'est qu'en attendant qu'il se passe quelque chose on a le temps de récapituler les enseignements du début de course, voire d'envisager des modifications bénéfiques pour l'avenir. Du moins, pour la partie infinitésimale des événements que je maîtrise. Ce matin, j'ai eu beau faire mes étirements comme tous les matins, j'ai senti que mon dos commençait à renâcler. Je traîne une vieille scoliose depuis l'enfance et toutes les séances de musculation que le bateau m'inflige à la moindre manœuvre n'ont rien d'un remède. Pas plus que les longues heures passées dans ma tanière de dix mètres carrés où les bricolages divers et variés, le chargement des ballasts, le déplacement des sacs de voile qui pèsent un âne mort, m'obligent à des allers-retours incessants dans les compartiments adjacents où je ne peux me tenir qu'accroupi. Et quand j'évoque ma cabine de dix mètres carrés, ce n'est pas en loi Carrez... Le plafond arrive au ras de mon bonnet, il y a deux couchettes de part et d'autre, l'évier, le réchaud de camping collés à la cloison, et un proéminent coffre moteur au beau milieu de ce palais. Donc, à l'arrivée, je suis obligé de contracter les abdos pour me frayer un passage entre le cockpit extérieur et le tableau électronique qui est quand même *« the place to be »* pour un marin du Vendée Globe.

Bref, malgré l'exiguïté des lieux, je pense que je ne vais pas tarder à dégainer mon arme fatale contre le mal de dos, à savoir un magnifique fauteuil de dentiste qui, pour l'instant, repose dans la cale avant sur les jerricans de gazole. Ça va me priver de la moitié de mon espace vital mais j'en ai marre d'avoir le cul posé sur le coffre moteur devant ma table à cartes. Ce siège orthopédique constitue la seule concession à la modernité que l'aménagement initial de *technoFirst-faceOcean* pouvait m'autoriser. Sinon, ça aurait coûté une blinde. C'est sûr que comparé aux skippers des bateaux de la nouvelle génération, ça fait un peu conducteur de 2 CV. Les gars peuvent prendre leurs aises dans des sortes de « *fat boys* », ces gros fauteuils remplis de billes de mousse. Ils font la sieste là-dessus, ils se balancent là-dessus tout en consultant l'écran de l'ordinateur de bord fixé à un bras articulé. Moi, je voyage en classe éco.

Et voilà! Presque trois jours que je m'abîmais la rétine à fouiller le ciel et mon écran radar pour diagnostiquer l'orage sournois et le grain dantesque vient me foudroyer à l'aube alors que je lézarde dans ma couchette! En même temps, c'est un réveil assez efficace, le courroux du pot au noir: le bateau titube à la façon d'un ivrogne, il part à la renverse comme s'il voulait prendre appui sur la mer, le peu de toile que j'avais laissé sorti hier soir m'appelle au secours en claquant frénétiquement sur la bôme. Je bondis au quart de seconde, je me hisse dans le cockpit, je grimpe sur le pont à moitié à poil sous un ciel de fin du monde et là, je découvre mon bateau en pleine marche arrière! Déjà que je n'avançais pas vite… Le spectacle est presque risible. D'ailleurs, j'éclate de rire comme un débile avec mes petites mèches de cheveux trempés qui pendent sur mon front comme des algues mortes. C'est le coup classique, celui qu'on redoute en pensant que ça n'arrive qu'aux autres. En un éclair le vent a tourné à 180°, les voiles se sont retrouvées à contre puisqu'il n'y avait personne pour les changer vu que je dormais, et il dégringole en dix secondes ce qu'il doit tomber sur Toulon en une année... Je me marre parce que je sais qu'il n'y a aucun risque de casse. Hier soir, par prudence, je n'avais pas hissé le grand gennaker : j'avais juste sorti un peu de linge de grand-mère pour finir de m'extirper de cette zone maudite. N'empêche, j'en ai pour une heure à remettre tout ce barnum en bon ordre...

Une fois au sec, je ne peux pas m'empêcher d'appeler Jean-Gui. Il me surprendra toujours, mon frère, avec son humour à froid.

— C'est énorme ! J'espère que tu as pensé à mettre les caméras en route avant d'aller manœuvrer...

— Tu te fous de moi ! Le bateau était en vrac, tu crois que j'avais que ça à faire !

— Tu es un âne, Séba, qu'est-ce que tu veux que je te dise... Que tu rates la vidéo du jour, c'est une chose. Mais moi, j'aurais été plié de rire de te voir gérer ça en slip !

J'ai passé l'équateur le 22 novembre à la tombée de la nuit, sauf que la nuit n'est pas vraiment tombée vu

Seul au monde

que les nuages avaient plombé le ciel toute la journée. En regardant le classement, j'ai découvert que deux des favoris de l'épreuve, Vincent Riou et Bertrand de Broc, venaient d'abandonner. Avec le demi-tour de Tanguy de Lamotte, nous n'étions plus que vingt-six en course. Le seul concurrent qui se trouvait derrière moi, Didac Costa, revenait fort malgré son départ retardé de quatre jours. Loin devant, les cadors naviguaient déjà dans l'océan Indien. En moins de trois semaines, Alex Thomson m'avait mis cinq mille bornes dans la vue.

Je me suis allongé dans ma couchette en essayant de ne plus penser à ça. Mais quand je ne pensais plus à ça, je cogitais sur tous les risques qui me guettaient dans les mers du Sud. Au bout d'une heure ou deux, j'en ai conclu que le temps était venu de passer en mode commando. Je me suis relevé et, avec ma lampe de poche, je suis allé fouiner « Chez Momo ». J'ai attrapé la tondeuse et je me suis fait la boule à zéro sans miroir. Je n'ai pas de miroir à bord.

9.

J'ai seize ans, le BEPC en poche et, sur le crâne, une auréole de cheveux crépus. J'ai beau n'être qu'un adolescent, il me tarde de me jeter dans ma vie d'adulte. Aucune chaîne ne m'entrave, désormais. L'école n'est plus obligatoire et mon père a quitté mon existence en même temps que la maison. Au printemps 1980, j'annonce à ma mère que je pars travailler dans un atelier de soudure tenu par un ami de Xavier, près du port de Toulon. Elle ne s'y oppose pas. Et même si elle s'y était opposée, ça n'aurait pas changé grand-chose. En escamotant les derniers traits de l'enfance sous ma tignasse à la Michael Jackson, je me suis émancipé de toute autorité. Plus personne n'a le droit de me dire ce que je dois faire.

Daniel Pradel dirige une fabrique de pièces en Inox pour les bateaux. Il est ravi de ma présence, car son carnet de commandes ne désemplit pas et j'ai accepté de travailler gratuitement à ses côtés. J'apprends à me servir du tour pour fraiser, je perce, je soude, je me brûle les mains. Mais la rudesse de mon labeur m'apparaît comme une sinécure en comparaison de mes chagrins passés. Au fil des mois, un rapport de confiance s'installe avec mon patron. Il me laisse de plus en plus souvent les clés de l'atelier. Je reste seul à polir mes pièces d'accastillage et à guetter le moment où Joëlle sortira de l'immeuble pour promener son chien.

Elle a un petit appartement au-dessus du magasin, des jambes interminables et la beauté pleine d'assurance d'une femme de vingt-six ans. Malgré notre différence d'âge, elle a tout de suite accroché avec moi. Je crois que je l'ai définitivement séduite le jour où je me suis penché trop près du tour et que la fraiseuse m'a arraché une énorme touffe de cheveux. « C'est dommage, a-t-elle souri, avec ta coupe afro, tu ressemblais à mon briard. » Son chien s'appelle Néron mais son petit ami a un beau pedigree, lui aussi. Joëlle entretient une liaison avec un voyou toulonnais, un tatoueur qui possède une brasserie sur le très chic boulevard de Strasbourg et plusieurs « bars à hôtesses » à Chicago, le coupe-gorge qui jouxte l'arsenal, dans la vieille ville. Il m'a déjà aperçu en train de discuter avec sa maîtresse devant le magasin. Il n'imagine rien de nos rendez-vous intimes. Quand il me croise, il me salue d'une tape sur l'épaule. Il me prend pour un copain, un grand gamin inoffensif. Tout va bien dans le meilleur des mondes.

Je bosse dix-huit mois en bas de chez elle. Ensuite, je pars travailler à la voilerie Stoffel, à la sortie de Toulon, mais l'on continue à se fréquenter. Là, je me prends de passion pour mon nouveau métier. J'adore fabriquer des voiles. Je trouve ça noble, j'ai l'impression de construire des maquettes grandeur nature. Aujourd'hui, ça a changé, mais à l'époque tous les articles sont encore fignolés sur mesure avec beaucoup de finitions à la main. Les tissus composites n'existent pas, les pièces sont taillées dans du Dacron polyester extrêmement épais. Je commence par faire le dessin de la voile sur un papier. Sur ce plan, je déroule d'immenses rouleaux de tissu avant de les pincer pour donner de la forme à l'ensemble. Ensuite, je coupe, je couds, j'assemble. Enfin, je pose des galons pour parachever l'ouvrage. Tout est une question de coup de main et je l'attrape en quelques semaines.

J'ai un boulot qui me plaît, une fille que j'aime, un salaire qui me comble. Pour mes dix-huit ans, je passe le permis et j'achète un coupé Mercedes 200 D, avec les phares verticaux. En toute saison, je porte fièrement un blouson d'aviateur orné d'un imposant col de fourrure. Quand je passe en trombe dans la rue où habite mon père, je ne me retourne même pas. Le soir, après le travail, j'abrite discrètement ma romance avec Joëlle dans mon appartement avec vue sur les plages du Mourillon, l'enclave huppée des Toulonnais. Les romans de Paul-Loup Sulitzer s'empilent sur ma table de chevet. De temps à autre, le week-end, je pars retrouver mes frères pour participer à une régate. Je dévale à fond de troisième la petite route qui mène à la maison et je pile devant le portail en soulevant un énorme nuage de poussière. Chaque fois, les chiens du voisinage font un barouf d'enfer. Qu'ils aboient tous sur mon passage, ça me va très bien.

Hiver 1982, je me prélasse sur les bords de la mer Égée. Enfin, je ne fais pas que me prélasser. Un vieil ami de la famille, Odon van Gaver, et sa femme, Birgit, voulaient monter une voilerie sur l'île de Rhodes. Ils m'ont proposé de venir leur apprendre le métier. Du jour au lendemain, j'ai tout laissé tomber pour les rejoindre. Je l'ai lu dans *Money* : il faut saisir les occasions quand elles se présentent. On vit à trois dans leur maison blanche entourée de ruines. La voilerie est installée dans le salon. La pièce n'est pas plus grande qu'un studio et l'on manipule des voiles de quatre-vingts mètres carrés que nous commandent de riches propriétaires de yacht... Avec Odon, on partage les bénéfices. Et ils sont coquets. Quand le soleil se couche, je descends sur le port et je m'attable devant une giro-pita et un verre de retsina. J'oublie provisoirement Joëlle dans les bras de filles au bronzage de pain d'épice. À ce rythme-là, je ne suis pas encore le roi du monde mais ça ne devrait plus tarder.

D'ici là, j'ai juste une petite formalité à accomplir. Après neuf mois à Rhodes, j'ai décidé de rentrer en France pour faire mon service militaire. Si je devance l'appel sous les drapeaux, c'est pour choisir mon arme. Je me rappelle avoir croisé Xavier et Jean-Gui au retour de leur conscription, l'un avait été affecté dans les chasseurs alpins, l'autre dans la Marine. Je les avais trouvés complètement abrutis par leur séjour sous l'uniforme. Deux jeunes de vingt ans qui se racontent des vieilles blagues de caserne. J'en ai conclu que, quitte à devenir con, autant que ça serve à quelque chose… C'est pour ça que j'ai demandé à intégrer les commandos nageurs de combat : pour vaincre ma vieille phobie des profondeurs et m'endurcir.

Sauf qu'à la visite médicale on m'élimine pour un vieux problème de scoliose. Là, changement de pied, direct. Par égard pour la famille, je n'envisage pas de retourner à Rhodes et d'être fiché comme déserteur. Donc, je me rends sur la base de Hourtin, près de Bordeaux, où je dois faire mes classes avec la ferme intention d'être réformé. Je n'avale rien de toute la semaine qui précède la convocation. Que des cafés.

Seul au monde

Vingt par jour. Je me donne moins de quarante-huit heures pour finir chez le psychiatre.

Ça commence chez le coiffeur, dès mon arrivée à la caserne. La veille, à Toulon, j'avais fait couper ma tignasse par précaution. Le type m'attaque quand même à la tondeuse.

— Attendez! Ils ne sont pas assez courts là? Vous êtes obligé de me faire la tronche de Yul Brynner?

— C'est la coupe réglementaire.

— Vous me faites chier!

Et je m'effondre en pleurant sur son fauteuil. Sans me forcer. J'ai les nerfs à vif, le poing qui me démange, les larmes prêtes à jaillir. Je suis paré pour le premier rassemblement dans la cour de la caserne. Par ordre de taille, je suis avec les plus grands, au dernier rang. Un gradé passe derrière nous en tirant des coups de pied à tous ceux qui ne se tiennent pas droits. Quand il arrive sur moi, je lui saute au képi:

— Attention! Vous ne me touchez pas! Vous me parlez mais vous ne me touchez pas…

— Ah! bon… C'est quoi votre nom?

— Destremau.

— Vous pleurez, Destremau.

— C'est possible. Et c'est possible aussi que je vous défonce la tronche… Adjudant ou pas, je n'en ai rien à cirer!

Le lendemain, le psychiatre m'a délivré mon précieux sésame : réformé P4. Une grande première dans la famille…

Quand je retourne à Toulon, je suis quand même un peu secoué par mon numéro. Pour un temps, j'oublie la voilerie, je me disperse, je retrouve Joëlle pour une étreinte, mes frères, à l'occasion de quelques régates. On est de plus en plus cotés dans la région. Des propriétaires font appel à nos talents d'équipiers pour la « Croisière bleue », la « Giraglia », l'« Antipolis Cup »… Hugues est un orfèvre pour régler les voiles depuis le pont arrière. Moi, je me régale à l'avant, dans le rôle du voltigeur. Hisser le spi, prendre les vagues dans la figure, finir la course éreinté, trempé. Et passer voir Joëlle derrière sa caisse du Claridge pour lui raconter mes exploits. Pendant que j'étais en Grèce, son mafieux lui a confié la gestion de sa belle brasserie. C'est là que j'apprends à mieux le connaître puisque le type m'a toujours à la bonne, continuant de penser qu'avec sa fiancée on ne va pas plus loin que nos bavardages de comptoir. Sa confiance est si aveugle, Joëlle si persuasive sur notre amitié sans borne qu'un beau matin il me convoque dans l'arrière-salle encore déserte.

— Ça te fait quel âge, maintenant ?
— Pas tout à fait vingt ans.
— C'est combien, pas tout à fait vingt ans ?

— Bah ! dix-neuf et huit mois…

Il me fixe longuement en triturant sa chevalière à tête de lion. Aucun muscle de son visage ne tressaille. On dirait qu'il s'est gominé la face en même temps que ses cheveux de danseur argentin.

— Donc, tu es majeur… Tu connais la « rue du Canon » ?

— De réputation. C'est là où il y a les…

— Les putes, c'est ça. J'ai un bar là-bas. Ça te dirait d'y bosser pour moi ?

— Faut voir, oui, pourquoi pas…

C'était tout vu. Pendant plus d'un an, je vais plonger dans les nuits de Chicago et ma vie de gangster avec la frénésie de mes vingt ans. En tant que *self-made man*, ça ne pouvait qu'enrichir mon CV.

Le Triomphe est un bar à hôtesses situé à l'angle du boulevard de la République et de la « rue du Canon », à l'entrée de la vieille ville. Dans la journée, les passants peuvent commander un café sur sa petite terrasse. Quand la nuit tombe, je rentre les tables, je tire les rideaux et la clientèle change. Mes nouvelles collègues s'appellent Stéphanie, Marlène, Erika et portent le minishort en Skaï en guise de tenue de travail. En fait, le nombre de prostituées varie en fonction des arrivages de bateaux militaires. Jamais moins de trois, rarement plus de huit. Mais ça, c'est quand les porte-avions de l'US Navy viennent faire escale dans la rade et que six mille marins déboulent dans la vieille ville. Les filles descendent alors en renfort depuis Marseille. Les GI entrent au Triomphe en brandissant leurs liasses de dollars comme des joueurs de poker s'apprêtant à faire tapis. La bière est au prix du bourbon, le bourbon au prix du champagne, le champagne au prix que je décide. En cas de grabuge, la consigne est de les laisser tout casser en attendant l'intervention de la police militaire. C'est à peu près le seul cas de figure où le client est roi.

Le reste du temps, on le plume sans scrupule. Et ceux qui renâclent ont affaire à moi. Je sermonne les petites frappes qui posent leurs pieds sur les guéridons, je vire les mecs bourrés au premier geste déplacé envers mes copines. Je connais le cahier des charges par cœur : pas de débordement, pas de prostitution au sein de l'établissement. Si, vraiment, la situation m'échappe, j'ai un numéro de téléphone à ma disposition. Une voiture avec quatre porte-flingues du tatoueur se pointe dans la minute qui suit. Ils font rarement usage de leurs armes. Durant toute cette période, je n'ai eu à déplorer que deux coups de fusil à pompe dans le plafond.

Je l'ai vécu comme je le raconte. Comme dans un film. Depuis l'enfance, je cours après les sensations fortes. Ça remonte à l'âge de mes premiers coups de poing. À la voltige sur un bateau ou aux aguets derrière mon tiroir-caisse, c'est la même adrénaline. Ma jeunesse défile à cent à l'heure. Je veux vivre mille vies en une. Trancher les amarres de ma mémoire blessée. Ne plus me laisser enfermer. Je suis sain de corps et d'esprit, athlète le jour, flibustier la nuit. Je ne touche pas une goutte d'alcool, j'ai du succès avec les filles, et pas seulement Erika et ses amies. Dans le regard des miens, je passe pour un voyou, mais à la table des voyous, je bois des menthes à l'eau.

D'ailleurs, le tatoueur ne me paye pas, je fais ça pour le fun. Il m'a promis qu'au bout d'un an j'aurais une belle récompense. J'attends sans attendre. Je touche le chômage, j'ai rapporté un beau pactole de Grèce, je ne vais pas me battre pour boucler mes fins de mois. Finalement, je suis assez détaché de ces questions-là. Disons que, plus tard, ce sera le milliard ou rien. Je ne suis pas sûr que ça change grand-chose à ma frénésie de liberté et à mon besoin d'action.

Au Triomphe il y en a, de l'action, assez régulièrement. À force de virer les importuns par la peau du cou, des types ont voulu me faire la fête l'autre soir, après la fermeture du bar. Sur les coups de 4 heures du matin, je remontais la rue où j'avais garé ma Mercedes quand une bagnole a pilé à ma hauteur. Je regarde vite fait à l'intérieur, ils sont quatre avec des têtes pas sympathiques du tout. Pour me défendre, j'ai toujours sur moi une matraque et une petite bombe lacrymogène. Mais là, il ne s'agit pas de me défendre. Le principe de base dans ce genre de situation c'est de ne pas se laisser marcher sur les pieds, de taper le premier. Donc, quand le passager qui est de mon côté ouvre sa portière, je me rue sur lui et je vide ma bombe lacrymogène dans l'habitacle. Ensuite, les types suffoquent et j'en profite pour défoncer leur bagnole à coups de matraque. Après, je me barre en courant très vite et je prie pendant quelques jours pour que ces sbires aient compris qu'on ne m'intimide pas comme ça.

Hier, Hugues est passé me voir dans mon bar. Il était 17 heures – je précise, car mon frère n'est pas vraiment du style à s'encanailler après minuit à Chicago. Ce n'est pas la première fois qu'il vient au Triomphe. Je ne sais pas s'il est en service commandé pour la famille ou s'il veut juste me maintenir la tête hors de l'eau en me parlant de voile. Hier, d'après lui, il avait une grande nouvelle à m'annoncer.

— Tu es au courant que papa a fait un truc de fou…
— Tu veux une menthe à l'eau?
— Un café. Bon, il en a eu marre qu'on fasse les larbins pour tous ces proprios et il a décidé d'acheter un bateau de course!
— Et alors?
— Quoi, et alors… Il s'est ruiné pour nous! Tu sais combien ça coûte un J24 neuf?

— Rien à secouer! Disons huit mois de salaire d'un prof de musique...

— Exact! Cent mille francs tout rond... Écoute, je ne vais pas t'embêter plus longtemps. Je suis juste venu pour te dire ça: désormais, on a un bateau à nous et il s'appelle *Tomana Api*, «Jeune chef», comme le surnom donné par les Tahitiens à notre ancêtre.

— C'est une bonne idée. Ça me touche beaucoup.

— Séba, s'il te plaît... Dans trois mois, c'est le championnat de France à Quiberon!

— Dans trois mois? Où je serai dans trois mois? Faudra que j'y repense. Je n'ai pas que ça à foutre...

J'ai souri intérieurement devant la mine déconfite de mon frère. Ça ne me déplaisait pas d'en rajouter un peu dans le rôle du type irrécupérable. Il voudrait quoi? Que je me confonde en mercis devant papa? C'est un peu tôt, frangin. Sinon, évidemment, que je suis partant pour le championnat de France...

À Quiberon, cette année-là, on a fini quatrièmes et, l'année suivante, on a été sacrés champions de France, Hugues, Jean-Gui et moi, sur *Tomana Api*. Entretemps, j'avais arrêté ma vie de gangster comme d'autres arrêtent de porter du noir. Ça s'est passé aussi simplement que ça avait commencé. Après quinze mois de collaboration, je suis allé voir le tatoueur pour lui réclamer mon dû. Au fond de moi, j'avais déjà tourné la page. On s'est revus au même endroit que la première fois, dans l'arrière-salle du Claridge. Il m'a tendu trois chèques qui, additionnés, représentaient une somme rondelette et il m'a dit : « Ça va comme ça ? On est repartis pour dix ans ? » J'ai hoché la tête, je l'ai salué et j'ai remonté tout le boulevard de Strasbourg en marchant au soleil.

Je ne suis jamais retourné au Triomphe.

En marchant, ce matin-là, j'ai déchiré les chèques et je les ai jetés dans la première poubelle que j'ai trouvée. Dès qu'il les avait posés sur la table, j'avais compris qu'ils ne valaient rien. C'étaient des chèques de marins saoudiens qui avaient vidé un stock de bouteilles de champagne en une soirée. Le surlendemain, ils étaient repartis en mer après avoir fermé leurs comptes bancaires. Sage précaution puisque leurs chèques avaient été trafiqués avec un zéro de plus. Je le savais, c'est moi qui les avais encaissés trois mois auparavant.

10.

L'hémisphère Nord s'éloigne et, avec lui, mes soucis dermatologiques. Il m'a suffi de franchir l'équateur pour que mon allergie disparaisse aussi subitement qu'elle était apparue. L'espoir renaît. Le bonhomme tient le coup, mon bateau aussi. Chaque jour, j'inspecte mes voiles avec un soin particulier. Pour l'instant, je ne décèle pas trop d'usure même si, par endroits, les stickers de mes sponsors se décollent comme de vieilles croûtes. J'ai surtout des craintes pour le grand foc de l'avant, le J2, qui est quand même l'une des pièces maîtresses de ma garde-robe. Avant le départ, Hugues, qui est un expert reconnu de la profession, m'a recommandé de l'utiliser avec parcimonie. « Il ne tiendra pas la distance. Ça risque de péter avant le cap Horn… », a-t-il lâché, sans se départir de son ton flegmatique, alors que l'équipe passait son temps à retailler la toile. Le cap Horn, cela dit, je n'y suis pas encore.

Ce matin, j'ai constaté que j'avais tout juste fait le cinquième de mon périple. Ça ne m'a pas découragé plus que ça. En étudiant ma position, je me suis même dit qu'il y avait un bon coup à jouer. La trajectoire trop à l'est, qui m'a valu tant de déboires dans le pot au noir, devrait enfin se transformer en atout. Dans l'hémisphère Sud, la grande soufflerie crache ses alizés en provenance du sud-est. Or la poignée de traînards qui se trouve encore dans mes parages, à savoir Pieter Heerema, Alan Roura et Didac Costa, campe sur le 32e méridien et va devoir composer avec un angle de vent très serré. Le mien sera beaucoup plus ouvert. Sur le papier, j'envisage de franchir le cap de Bonne-Espérance d'ici à une quinzaine de jours, aux alentours du 5 décembre. Avec ma petite trottinette, ça n'est déjà pas si mal.

J'appelle Jean-Gui pour lui expliquer comment je vois la suite. Lui ne me parle que de ma boule à zéro.

— Tu aurais quand même pu faire une vidéo quand tu t'es rasé la tête! L'offrande à Neptune, tout le tralala, ça fait marrer les gens…

— Arrête, Jean-Gui, je ne suis pas juste un clown qui se filme avec le crâne ratiboisé ou quand il se balade en caleçon sous l'orage…

Seul au monde

Pour Neptune, j'ai déjà donné, avec Jaco, lors du retour d'Afrique du Sud. Si je me suis rasé la tête, cette fois, c'est pour me tenir chaud quand j'approcherai du glaçon et que les températures deviendront négatives. Ça peut paraître paradoxal mais, dans ces contrées, pour éviter le mal, il vaut mieux ne rien avoir sur le caillou plutôt qu'un bonnet trempé sur des cheveux en serpillière. Là, au moins, avec un coup de gant, je serai au sec.

Ce matin du 25 novembre, je savoure mon café sur le pont après avoir dégrippé mon enrouleur de gennaker quand j'aperçois une masse sombre qui oscille à la surface de l'océan, cinq cents mètres devant le bateau, légèrement à bâbord. Le temps de m'accouder au bastingage, la bestiole a disparu. Je reste encore deux, trois minutes à scruter les alentours. Il n'y a plus que la mer ponctuée d'une succession de virgules blanches. Était-ce une baleine ou un requin ? Ou encore un serpent de mer, à la manière de ces fameux objets flottants non identifiés qui semblent causer tant de ravages par les temps qui courent ? La question me travaille depuis que j'ai appris que Vincent Riou et Bertrand de Broc avaient été contraints à l'abandon après avoir heurté l'un de ces fameux OFNI. En ce moment, je suis censé avoir d'autres chats à fouetter, mais comme depuis quelques jours je commence à me parler tout seul, je poursuis mon raisonnement tout en lâchant un ris dans la grand-voile.

Au retour de la transat de qualification, j'ai déjà croisé la route d'un OFNI. D'ailleurs, l'objet n'avait rien de « non identifié », c'était une bille de bois qui a endommagé le safran de *technoFirst-faceOcean*. Je l'ai vue et, tout au long de ma carrière de régatier, j'en ai vu d'autres. Mais pas autant que certains coursiers l'affirment dès qu'une collision provoque des dégâts irréversibles sur la coque de leurs bateaux supersoniques. Au beau milieu de nulle part, on a quand même dix fois plus de risques de faire une mauvaise rencontre avec un cétacé ou un gros mammifère marin qu'avec un container à la dérive. Peut-être que c'est moins politiquement correct. Sûrement qu'il vaut mieux expliquer qu'on a heurté un OFNI plutôt que d'avouer qu'on a failli découper une baleine en deux. N'empêche, avec cette nouvelle mode, on finit par dédouaner les abrutis qui balancent leurs détritus à la mer comme dans une poubelle : « Bah ! de toute façon, ils l'ont dit sur le Vendée Globe, les océans sont dégueulasses… » Et puis, il faut savoir ce qu'on veut. Avec leur quille pendulée à bloc et un foil à l'autre extrémité de la coque, les bolides d'aujourd'hui s'apparentent à des râteaux de dix mètres d'envergure. Le mien ne va peut-être pas très vite mais il n'a pas besoin qu'on s'écarte sur son passage pour se frayer son petit bonhomme de chemin.

Seul au monde

14° 38' sud, 26° 28' ouest. Cap au 166. Mon itinéraire *bis* se transforme en chemin vicinal. Ça m'apprendra à jouer les mauvaises langues. Je pensais que j'allais filer sur une autoroute jusqu'à la latitude de l'Uruguay pour amorcer ensuite le grand virage à gauche, poussé par les dépressions venues d'Amérique du Sud. Je me voyais plonger comme un seul homme vers l'Indien, les quarantièmes rugissants, le froid, les tempêtes, la grisaille, la peur... Mais ça ne se passe pas du tout comme ça. L'anticyclone de Sainte-Hélène m'a mis le grappin dessus. Son front est beaucoup plus large que prévu. À défaut de logiciels météo sophistiqués, j'aurais quand même pu penser à emporter un baromètre. Au moment où je m'apprêtais à montrer mes muscles, ma moyenne chute encore. Quelque chose me dit que ce n'est pas parti pour s'améliorer.

Hier, j'avais remarqué que mon tableau électrique donnait des signes de faiblesse. Au lieu de me faire des nœuds au cerveau avec les containers des autres, j'aurais mieux fait de mettre le nez dans mon moteur. Ce matin, ça n'a pas manqué : l'engin ne démarre plus. Et là, c'est la grosse tuile. Surtout qu'en essayant d'improviser une réparation de fortune j'ai flingué le démarreur. Sans moteur, je ne peux pas remplir mes ballasts. Et sans ballast, mon bateau ressemblera bientôt à une toupie sur une toile cirée. D'ailleurs, il faut que j'appelle

Jacques Caraes, à la direction de course, pour lui expliquer les raisons de ma trajectoire erratique.

— Salut Jacques, j'ai un gros problème de moteur…

— OK, je commençais à me poser des questions.

— Voilà : ça va être du zigzag tant que je n'aurai pas résolu la panne. Je voulais juste te prévenir pour que tu ne t'inquiètes pas.

— C'est noté. Tiens-moi au courant. Bon courage.

Le lendemain, je le rappelle. Le surlendemain, aussi. Et encore le jour d'après.

— C'est noté. Tiens-moi au courant. Bon courage.

— Merci Jacques.

Plutôt que de faire des politesses, j'aimerais bien maudire la terre entière, insulter ma clé de 13 et finir par trouver la solution comme ce bon vieux Jaco. Il me manque, tiens, celui-là ! J'ai voulu bluffer mon monde et je suis en train de tout perdre. Tant que l'anticyclone de Sainte-Hélène étouffe le moindre souffle d'air, je ne cours aucun risque. Mais si je ne peux plus l'équilibrer, mon bateau va se coucher dès les premières bourrasques de l'océan Indien. Les journées se suivent et se ressemblent. Je suis assigné à résidence dans la cale. J'étais parti pour accomplir le tour du monde et me voilà dans la peau d'un égoutier. C'est à peine si je sais le temps qu'il fait. Je ne me rends plus sur le pont que pour pisser. Avec Jean-Gui, on se téléphone vingt fois par jour. Le mode d'emploi, on a même fini par le trouver. Mais comment je l'applique ?

— Je te l'ai dit, Séba ! C'est comme ça que Michel Desjoyeaux a redémarré son moteur quand il a gagné le Vendée Globe en 2000. Je l'ai déjà appelé trois fois pour qu'il m'explique. Tu dois relier l'axe du moteur à une voile grâce à un circuit de cordage qui traverse la cabine...

— Oui, ça va, j'ai compris le principe.

— Eh bien, ensuite, quand la voile est bien bordée, tu la largues d'un coup sec. Normalement, la puissance transmise au cordage est suffisante pour lancer le moteur.

— J'ai compris, bon sang ! Mais le circuit de cordage, tu le fais passer par où dans la cabine ?

— Faut voir... Ça dépend où tu mets les poulies.

— Bah ! oui... Ça dépend... Et comment je sais, moi !

Je me calme. Je me concentre. Je recommence. Je rajoute une poulie à la sortie du cockpit. Ce coup-ci, je crois que c'est bon. J'y vais, je lâche tout. Le moteur crache deux, trois hoquets de bambin avant de s'éteindre comme un vieillard.

— Jean-Gui, ça ne démarrera jamais, il n'y a pas assez de vent.

— Si tu m'avais laissé finir, tout à l'heure... Dans ce cas-là, Michel dit qu'il faut desserrer les injecteurs.

— Jusqu'où je les desserre ?
— Là, tu m'en demandes trop...

Et ainsi de suite. Sans les conseils éclairés de Michel Desjoyeaux, *alias* « le Professeur », je serais encore en train de bricoler à fond de cale et il y a longtemps que mon frère ne me répondrait plus au téléphone. J'ai tout tenté. J'ai essayé de greffer les cordages sur chaque voile disponible, j'ai fait quatre, cinq, six tours avec le lanceur autour de l'axe du moteur, j'ai déroulé le système à gauche, à droite, au milieu de la cabine, j'ai hésité entre étrangler Jean-Gui et me jeter par-dessus bord. Et, au cinquième jour, j'y suis arrivé. J'y suis arrivé ! Début décembre, le 2 ou le 3, qu'est-ce que j'en sais ?

Tout ce qui a trait à la compétition, tout ce qui me semblait prioritaire jusque-là me semble soudain presque dérisoire. La crainte de l'abandon, la fatigue accumulée durant cet épisode, ont fissuré mes défenses. Toutes les digues patiemment construites depuis l'enfance ont sauté, emportant avec elles mon armure de pudeur, mon bouclier de faux dur et mon épée de certitudes. Ce ne sont plus les aléas de la course qui me tenaillent mais un flot de souvenirs, de joies, de peines qui me visitent à l'improviste et dont je ne sais que faire. À chaque kilomètre que je parcours, ma vie défile. Les nerfs à vif, je suis seul et nu face à moi-même. J'imaginais qu'il y aurait un avant et un après une fois vaincus

Seul au monde

les sortilèges de l'océan Indien. Je voulais bien croire qu'au franchissement du cap Horn je deviendrais un autre homme. Mais je n'étais pas préparé à ce bouleversement intime, là, maintenant, au beau milieu de l'Atlantique Sud, pour une simple panne mécanique.

La première fois que j'ai pleuré, c'était à la veille de remettre mon moteur en route. Mon rêve était en berne. J'ai mis ça sur le compte de la fatigue et du désespoir. Le lendemain, ça m'a repris. Je n'y ai pas prêté trop d'attention. Quoi de plus émouvant qu'une pompe à ballast en pleine action ? Et, maintenant, les larmes m'étreignent quotidiennement, sans raison aucune. J'ai d'abord voulu les combattre, les retenir, les écraser comme dans la vie de tous les jours. Puis j'ai compris qu'elles me faisaient du bien. C'était le trop-plein de douleur que je charriais depuis l'enfance.

Je pleure, je ris, je chante, je hurle. Je donne des coups de pied dans mon bateau quand il ne file pas assez vite, je brandis le poing quand le vent siffle dans ses voiles. Personne, ici, ne peut me voir. Je n'ai pas peur de passer pour un fou ou pour un faible, je n'ai plus honte de mes sentiments. Quand je me suis mis au défi, c'était pour voir ce que j'avais dans le ventre. Je pensais n'y trouver que du courage et, chaque jour, je fais de nouvelles découvertes. C'est fou tout ce que j'ai pu cadenasser dans mes entrailles. Je me raconte des histoires à haute voix. Je clame devant l'immensité que je ne suis pas un

Seul au monde

héros. Je me souviens. Je me souviens des mots pleins de tendresse de Jade à l'aéroport de Perth et du silence lourd de reproches de mes grands enfants que je n'ai pas su aimer. J'ai tant de choses à leur crier depuis ma solitude.

Samedi 10 décembre. Il ne me reste plus que quelques heures avant de franchir le cap de Bonne-Espérance. Et pas beaucoup plus de temps pour repasser cette drisse qui s'est coincée, là-haut, aux deux tiers de ma grand-voile. Je sais que je vais devoir grimper au mât. C'est toujours une épreuve un peu particulière. Je n'ai aucune envie de jouer les équilibristes à vingt mètres de hauteur sur le tapis roulant de l'océan Indien. Chaque fois que j'inspecte mes voiles, je pense à Hugues, mon jumeau, mon semblable et mon contraire. J'ai toujours considéré qu'il était bien plus armé que moi pour courir ce Vendée Globe. Techniquement, de toute façon, je suis le moins bon de la fratrie. S'il y a un Destremau qui, sur le papier, n'a pas les épaules pour ce genre d'épreuve, c'est bien moi. Quelques mois avant le départ, j'ai donc proposé à Hugues d'être mon remplaçant. C'est la règle pour chaque participant : il faut désigner un suppléant en cas de blessure ou d'empêchement de dernière heure. Il m'a dit qu'il avait besoin de quelques jours pour réfléchir. Il faut toujours qu'il réfléchisse. Quand il m'a rappelé, c'était pour me répondre « non ».

Seul au monde

— Ne le prends pas mal mais je suis obligé de refuser. Cette aventure est la tienne, la philosophie de ce projet ne ressemble qu'à toi. Il y aura sûrement des moments très durs sur ce Vendée Globe et je ne me sens pas capable d'y faire face. Tu es le seul à pouvoir suivre le chemin que tu t'es tracé. Cette histoire t'appartient.
— Pas de problème. Je proposerai à Jean-Gui.
Non, je ne l'ai pas pris mal. J'ai juste été déçu. Déçu pour lui. C'est ce que je suis en train d'expliquer à mon mât, ce matin, au large des côtes sud-africaines : « Je ne comprends pas que tu t'autocondamnes alors que tu as navigué avec les plus grands, Desjoyeaux, Riou, et que tu connais par cœur les Imoca. Dans mon esprit, je t'offrais une super-occasion... D'ailleurs, tu ne t'es jamais demandé pourquoi ? » Ma question s'envole dans l'air léger. Hugues apparaît sur le pont, sa sacoche à la main. Sûrement qu'il rentre du boulot. Il me fixe avec ses yeux malicieux sous son front grave. Il me répond d'un sourire. Ou alors, une fois de plus, il réfléchit. On est si différents, tous les deux.

11.

J'adore naviguer avec Hugues. Depuis que notre père nous a offert *Tomana Api*, on écume les régates du bassin méditerranéen, de Bretagne, de Vendée, avec un certain succès. Ça fait trois ans qu'on collectionne les médailles avec notre bateau arborant le pavillon de la ville de Toulon. Mon tempérament volcanique complète à merveille le sang-froid de mon frère. Je ne regrette pas une seule seconde ma vie de gangster.

Ce n'est pas rien de faire équipe avec son jumeau. On a dormi dans le même ventre et dans les mêmes lits. On a fait les mêmes bêtises ensemble et subi presque les mêmes corrections. Sur un bateau, on a besoin de très peu de mots pour se comprendre. Les attributions techniques sont parfaitement réparties : Hugues barre et je fais le reste. Même quand on s'engueule, on fait ça vite. Ça ne porte jamais à conséquence. Nos différends

Seul au monde

s'évaporent comme nos bouderies d'enfance. Le lendemain, à nouveau, on est prêts à larguer les amarres.

En 1988, un an après avoir remporté le titre mondial par équipes à La Rochelle sur le bateau familial, nous décidons tous les deux de viser plus haut. Et si on se lançait dans l'aventure des Jeux olympiques de Barcelone ? Il nous reste quatre ans pour y parvenir. Ça ne sera pas de trop, car les régates olympiques se disputent sur des dériveurs et nous n'avons plus mis le pied sur ce genre de miniatures depuis l'adolescence. Tous les deux, on est réputés sur les bateaux lourds, des « quillards » de huit, neuf mètres. Le Flying Dutchman, c'est un autre monde. Le bateau est hyper-élégant, hyper-précieux, hyper-technique, avec des ficelles partout à l'intérieur. C'est ce qui fait son charme. Pour nous, comme pour la plupart des « voileux », le Flying Dutchman et les Jeux olympiques représentent une sorte de Graal. Maintenant, il faut faire partager notre rêve au maire de Toulon, François Trucy, car l'investissement est de taille. Ça commence bien puisque, en se pointant au culot, on a réussi à se glisser dans son bureau entre deux rendez-vous.

— Monsieur le maire, Hugues et moi, on a trois choses à vous proposer…

— Faites donc, mais vite…

— Soit on continue de faire ce qu'on a fait jusqu'à maintenant, et plutôt bien n'est-ce pas, sous les couleurs de la municipalité. Mais c'est du déjà vu. Ou alors on se lance dans le Tour de France à la voile...

— Et la troisième possibilité ?

— Ah ! là, si je peux me permettre, c'est la taille au-dessus... Il s'agirait d'un projet baptisé « L'ambition olympique » !

Le maire hoche la tête pensivement.

— J'aime bien, ça claque, l'ambition olympique...

Hugues semble conquis, lui aussi. Un peu plus tard, sur le perron de la mairie, il m'attrape par l'épaule.

— D'où ça sort, ce slogan ?

— Bah ! je l'ai inventé dans la voiture, en venant ici...

J'ai vingt-quatre ans et, même si j'ai laissé tomber les mauvaises fréquentations, je ne me suis pas assagi. Mes réflexes de sale gamin sont intacts. Mes rêves, aussi. J'ai toujours envie de sauter à pieds joints dans l'inconnu. Le frisson me régénère. Ma vie ne vaut d'être vécue que si elle ressemble à un jeu. Tant mieux, s'il est dangereux. À la voilerie Sautieux, que j'ai fondée avec un ami sur le port de Toulon, l'essentiel de mon activité consiste à courir de régate en régate pour promouvoir la marque. Je ne laisse jamais passer une occasion de prendre le large. Je travaille en m'amusant, je gagne, je perds, je me refais du jour au lendemain, j'ai toujours un projet de voyage dans mon sac. Il n'y a qu'une chose, au fond, qui a vraiment changé dans mon existence : l'année précédente, je me suis marié avec Geneviève. Et même cet engagement profond, si peu conforme à mon image, je l'ai vécu comme un défi de plus. Une envie folle de savoir si moi, qui avais tant souffert du décor figé de mon enfance, j'étais capable d'arrimer mes pulsions d'indépendance, mon goût effréné pour la liberté à une femme que j'aimais et à une vie de famille qu'au fond de moi j'appréhendais.

Là encore, je n'ai fait ni une, ni deux, je ne me suis pas épanché auprès de mes proches ou chez un psychanalyste, j'ai foncé la tête la première, dès que je l'ai rencontrée. Elle gardait des enfants, un soir, chez un couple d'amis. J'aurais pu penser : « Qui est cette fille ? Quels magnifiques yeux verts ! » Mais c'était trop banal, trop facile pour moi. Il a fallu que, d'emblée, je me place au pied du mur : « Et si je construisais une maison et que je l'épouse ? » Je crois que c'est cette aventure périlleuse qui m'a attiré au premier regard. Je n'ai jamais eu peur de rien. Pourquoi aurais-je eu peur d'une histoire de princesse ?

Nous nous sommes mariés à l'été 1987 et j'ai commencé à bâtir notre foyer, de mes mains, à la campagne, au milieu des vergers qui surplombent Ollioules. C'est une ancienne ruine où tout est à faire.

Les premiers temps, j'ai l'impression de vivre au milieu des cageots de mon enfance. Ça me fait marrer. Geneviève, un peu moins. Depuis quelques mois, elle est enceinte de notre premier fils. C'est vrai que tout va très vite. Entre ma voilerie, mes régates avec Hugues et les fondations de ma vie de famille, je n'ai plus une seconde à moi. Pour l'heure, j'aime cette idée de me poser entre deux escapades dans mon nouveau port d'attache à l'ombre des figuiers. Mais, dans la réalité, même quand je suis à la maison, je reste un peu ailleurs. Souvent, Geneviève me parle, mais j'ai encore la tête avec Hugues.

D'autant qu'il y a, désormais, un objectif ultime à atteindre pour notre duo. Le maire a fini par nous accorder une subvention de 1,3 million de francs (environ deux cent mille euros). Avec mon frère, nous mettons le cap sur les Jeux olympiques de Barcelone. Il nous reste trois ans pour décrocher notre sélection en équipe de France. Nous nous jurons de ne jamais piocher dans notre enveloppe à des fins personnelles. Tout doit passer dans l'achat du bateau, le matériel, les stages, les compétitions à l'étranger. De fait, on n'a pas fini de voir du pays.

Dès les premières régates d'entraînement, nous nous sommes rapprochés de plusieurs équipages qui, eux aussi, briguent une sélection pour leur pays d'origine. Les Norvégiens, les Russes et les Israéliens, notamment, sont devenus des potes. À Barcelone nous serons peut-être rivaux mais, en attendant, nous avons décidé de faire cause commune. On s'accueille à tour de rôle lors de nos stages d'entraînement en Méditerranée ou sur la mer Noire. Pour l'heure, les seuls adversaires qu'on se connaît, Hugues et moi, ce sont les frères Thierry et Vincent Berger. Des malabars venus de l'est de la France qui, malgré leurs grosses paluches, font des miracles sur un voilier de précision comme le Flying Dutchman. Depuis près de dix ans, ils appartiennent au gratin mondial de cette catégorie. Or, il n'y aura qu'un équipage aux Jeux olympiques pour représenter la France. Ce sera eux ou nous.

Noël 1989. Florian, mon premier fils, vient de fêter ses un an, Geneviève est, désormais, enceinte de Romain. Elle rêve d'une famille nombreuse, moi, je ne sais pas, je ne sais plus. Voilà pour les nouvelles de la terre, mais je n'ai pas réellement le temps de m'y arrêter : je passe toujours plus de temps sur l'eau. Quand je rentre à la maison, c'est d'abord pour filer à la buanderie, laver mon équipement et refaire mon paquetage.

Même l'approche des fêtes de fin d'année n'a pas réussi à me retenir auprès de ma femme et de mon fils. Les Russes nous ont invités pour un stage à Sotchi. Mon cœur ne balance pas longtemps. « Geneviève, une campagne olympique, je n'en vivrai qu'une dans ma carrière, mais je serai de retour pour Noël. Prépare les fêtes sans moi. »

Ils sont marrants, Guéorgui et Viktor. Ils nous ont dit : « Venez à Moscou, on vous prendra en charge » et on les a crus sur parole. Pas d'adresse, pas de numéro de téléphone. L'aventure, c'est l'aventure. Sauf que ça fait six heures qu'on poireaute à l'aéroport Chérémétiévo et qu'il n'y a pas la moindre chapka pour nous accueillir. On sait juste qu'ensuite on doit aller à Sotchi. C'est où Sotchi ? En 2014, il y a eu les Jeux d'hiver mais, à l'époque, personne n'en a la moindre idée. D'ailleurs Hugues, toujours pragmatique, commence déjà à envisager une solution de repli.

— On n'a plus qu'à reprendre l'avion dans l'autre sens.

— Tu plaisantes… C'est juste qu'on a dû se tromper de vingt-quatre heures pour le rendez-vous. On n'a qu'à prendre un taxi pour Sotchi…

— Mais même pour prendre un taxi ! On ne sait même pas où est ce bled ! Et le seul truc que tu sais dire en russe, c'est : « *Olympic ! olympic !* »…

Bon, ensuite, on a découvert qu'il y avait mille cinq cents kilomètres entre Moscou et Sotchi et on a préféré se rabattre sur un vol intérieur. Ça commençait à faire cher le rendez-vous manqué. Une fois là-bas, on a marché pendant trois heures avec nos sacs sur l'épaule en demandant à tous les passants où se trouvait la base nautique : « *Olympic! olympic!* »

Finalement, deux jours après notre départ de Toulon, on a fini par trouver l'hôtel de la délégation russe. Viktor était en train de fumer sa clope dans le hall. Visiblement, le type qu'ils avaient dépêché à l'aéroport nous avait ratés et en avait conclu qu'on avait annulé notre voyage. J'ai cru que notre copain Viktor allait s'évanouir quand il nous a vus débouler sur le trottoir.

— Mais comment vous êtes venus ?
— À pied…

C'est la seule fois où on a éclaté de rire de toute la semaine. Pour le reste, le temps est pourri, le bateau que nous ont prêté les Russes guère mieux, et les conditions de navigation se détériorent de jour en jour. Jusqu'à la veille de notre départ où là, c'est carrément la purée de pois.

On dispute la dernière régate d'entraînement de la semaine. Hugues se prépare à virer de bord, le bateau de Guéorgui et Viktor est sur nos talons, quand soudain l'entraîneur russe nous coupe en pleine action. Valeri gesticule sur son vieux bateau à moteur en montrant le ciel, la mer, les vagues qui se creusent de plus en plus. Tempête en mer Noire…

Le temps de faire machine arrière et de s'approcher du port, les conditions sont devenues dantesques. On n'y voit quasiment rien et le peu de chose que l'on distingue n'est pas fait pour nous rassurer. Des rouleaux de six à sept mètres s'écrasent sur la falaise et sur les digues de protection, un courant surpuissant siphonne la mer couleur encre. En Méditerranée, je n'ai jamais goûté à un tel bouillon. On décide de laisser les Russes passer devant nous pour voir comment ils s'y prennent. Là non plus, ce n'est guère réjouissant. Visiblement, la seule tactique consiste à foncer droit vers la digue avant de virer juste avant le crash pour attraper l'embouchure du port... En même temps, on n'a pas le choix.

Au moment où l'on s'apprête à lancer la périlleuse manœuvre, j'entends un cri d'effroi à une centaine de mètres de là. C'est le bateau à moteur de Valeri qui vient de se retourner, catapulté par une vague. Demi-tour. On essaye de voir s'il remonte à la surface, on ne voit rien, Hugues parvient tout juste à tenir la barre, il faut décamper d'ici ou on va chavirer à notre tour. En fonçant pour se mettre à l'abri, notre bateau se couche, on le redresse de justesse, Hugues attend la dernière seconde, zigzague au pied des rochers. Ouf! c'est fait...

Mais ce n'est pas terminé. Maintenant, les Russes veulent repartir au large pour aller chercher leur entraîneur. J'ai beau avoir enrichi mon vocabulaire et leur hurler «*niet, niet!*», l'opération de sauvetage est déjà enclenchée. Elle dure moins de trente secondes. Le temps qu'un rouleau les déchiquette à la sortie du port. Me voilà couché au bout de la digue, une corde à la main, pour essayer de les récupérer. Ça y est, j'en tiens un ! Mais là, malgré mes quatre-vingt-quinze kilos, je me sens glisser le long des rochers. Je pars pour le grand plongeon, Guéorgui est cramponné au bout de la corde, la peur se lit sur son visage. C'est à ce moment-là qu'un type m'attrape par les chevilles, un officiel, un type de la sécurité qui pèse une tonne. Il me hurle des trucs en russe, j'espère que ça veut dire : « Je te lâcherai pas, mon pote ! » Cinquante-troisième « ouf ! » de la journée : j'ai réussi à hisser Guéorgui sur la digue. Mais, pendant ce temps-là, le bateau de Valeri flotte toujours au loin, la coque à l'envers, battu par les vagues comme une épave.

Son corps a été retrouvé le lendemain sur l'une des plages voisines de notre hôtel. L'autopsie a révélé qu'il avait survécu plusieurs heures coincé dans la minuscule cabine de sa vedette de pêcheur. Toute la nuit, j'avais entendu le bruit sourd de son bateau qui tapait contre les rochers.

Ensuite, Hugues et moi, on a été interrogés par le KGB : nous étions les dernières personnes à avoir vu l'entraîneur vivant, les seuls sur les lieux mêmes de l'accident. Pas marrant, le KGB. Mais ce n'est rien à côté de la mission que nous ont confiée, dans la foulée, nos copains de l'équipe russe. Vu qu'on repassait par Moscou, le lendemain, ils nous ont demandé si l'on pouvait rendre une visite à la veuve de leur entraîneur. Ils avaient déjà convoqué un traducteur pour nous accompagner chez elle. « Sinon, elle ne saura jamais comment Valeri est mort, car les rapports de police seront mensongers comme toujours… », a ajouté Viktor. On n'a pas eu le cœur de refuser.

L'adresse se situait dans la banlieue de Moscou, une grande barre d'immeubles qui sentait la soupe et le communisme à tous les étages. On a poussé la porte d'un appartement vieillot : tous les voisins semblaient s'être réunis pour une veillée funèbre. Ils se tenaient en cercle autour du canapé défraîchi où la veuve se tenait allongée, gémissante. On s'est présentés comme on a pu et, avec l'aide de notre traducteur, on a brièvement retracé notre journée de cauchemar en omettant les détails les plus cruels. La pauvre femme s'est redressée, les traits livides, et elle a pointé son doigt vers la bouteille de vodka posée sur le guéridon. Elle était déjà bien entamée.

— Pour nous ?

— *Da, da…*

Avec Hugues, on a vidé notre verre cul sec. Pendant que les voisins apposaient un linge glacé sur le front de la veuve qui recommençait à gémir, on s'est servi un deuxième verre. On l'a descendu encore plus vite que le premier. Ensuite, on s'est éclipsés vers la France sans demander notre reste.

Seul au monde

Quand je suis rentré à la maison, je me souviens d'avoir découvert mes premiers cheveux blancs dans la glace. Avec Hugues, on avait vécu un vrai drame. Mon frère, je ne sais pas, mais, moi, j'ai mis plusieurs semaines à m'en remettre. Le soir, Geneviève me parlait des progrès de Florian, comme il se tenait bien debout, comme il babillait tôt pour son âge. Elle avait aussi des idées pour l'aménagement de la future chambre de Romain. J'approuvais en silence, j'essayais d'accrocher un sourire sur mon visage vieilli par l'épreuve, et la nuit je me réveillais en plein cauchemar, accroché à une corde qui me tirait inexorablement vers la noyade.

Je crois que le jour où j'ai été enfin prêt à passer à autre chose, il était déjà temps de repartir pour un nouveau stage, en Israël. Six semaines dans un kibboutz, en pleine fin de guerre du Golfe. Encore une belle découverte du monde. Surtout quand les forces antiterroristes israéliennes ont défoncé la porte de ma chambre au milieu de la nuit lors d'un exercice d'entraînement.

En dépit de ces péripéties plus ou moins sinistres, Hugues et moi ne nous laissons pas distraire de notre objectif : la qualification pour Barcelone. La rivalité avec nos principaux concurrents ajoute un surcroît de motivation à notre équipage déjà bien pourvu en testostérone. Avec les frères Berger, ça a été tout de suite le grand amour, et Dieu sait si je commence à m'y connaître sur la question... Lors de notre premier rassemblement sous l'égide de la Fédération française de voile, à Hyères, ils ont jeté un œil au magnifique dériveur qu'on s'était acheté avec Hugues. L'un des deux a regardé son frère en rigolant, je ne sais plus lequel, ils m'énervent autant l'un que l'autre : « Eh bien, dis-moi, elle a vraiment les moyens, la Ville de Toulon, pour donner de la confiture aux cochons... » La bonne blague. Eux, bien sûr, n'avaient pas besoin de sponsor : c'est la Fédé qui leur payait tout.

On s'est tiré une bourre terrible, les deux fratries, pendant près d'un an. Il y avait d'autres équipages en lice pour décrocher cette place en équipe de France, mais la guerre c'était Berger-Destremau. On avait vraiment beaucoup progressé avec nos stages, Hugues barrait au millimètre, moi je m'efforçais de mettre nos adversaires sur la défensive avec des options de course super-agressives. Je savais que ces mecs n'avaient qu'un point faible : le mental. Ça tombait bien, c'était mon point fort. Il y a eu toute une série d'épreuves à travers l'Europe qui devaient nous départager. On les a talonnés jusqu'à la dernière régate, les championnats du monde à Cadix, au printemps 1992. Là, à notre grande surprise, on gagne la troisième manche courue dans des conditions épouvantables. On leur met une rouste mémorable dans la vraie baston, alors que c'est leur spécialité… Franchement, c'est la manche d'anthologie de ces championnats du monde, tout le monde l'a reconnu par la suite.

En même temps, c'est aussi notre chant du cygne. Quatre heures plus tard, notre bateau est disqualifié parce que les juges viennent de pointer qu'il nous manquait un gilet de sauvetage à bord. En compétition, on n'est pas obligé de le porter, mais il faut qu'il soit dans le bateau. Scratchés, les Destremau ! Pour une connerie de règlement, c'en est fini de notre quête olympique. Trois ans d'efforts réduits à néant. Peut-être qu'on n'aurait jamais pu remonter les frères Berger au classement. Peut-être qu'ils étaient plus forts que nous, sûrement même, c'était vraiment des virtuoses, ces types… Mais on ne le saura jamais. Il y aura toujours un petit doute. En tout cas, ça ne leur a pas porté chance. Alors qu'ils partaient en position de favoris, ils n'ont terminé qu'à la dixième place lors des Jeux olympiques. Ils y ont cassé leur mât en pleine régate. La roue tourne.

À Hugues non plus, cette histoire n'a pas vraiment porté chance. Et j'y ai quand même largement ma part. Quelques semaines après notre disqualification de Cadix, je n'ai pas pu m'empêcher de me rendre au QG de la Fédération pour régler mes comptes. L'intention n'était pas d'ergoter sur notre élimination ni de revenir sur l'épisode du gilet de sauvetage. Je voulais

Seul au monde

juste mettre un coup de pression sur les dirigeants pour qu'ils accélèrent un peu le remboursement de ce qu'ils nous devaient. Avec mon frère, nous avions acheté deux Flying Dutchman neufs pour préparer les Jeux. Vu que la mise à l'eau du bateau fédéral prenait du retard, on avait accepté, beaux joueurs, d'en céder un pour que les frères Berger puissent peaufiner leur entraînement dans la dernière ligne droite avant Barcelone. Seulement, moi, j'attendais toujours le versement du premier avoir par les dirigeants de la Fédé. C'est ce que je suis allé leur réclamer, ce jour-là. À ma manière. Fermement. L'orgueil toujours un peu chatouillé par les quolibets de nos adversaires au début de l'aventure – ils étaient bien contents maintenant de poser leur cul sur notre bateau de Toulonnais ! – et par le goût d'inachevé que je gardais de cette fin en queue de poisson. Bref, ça ne s'est pas bien passé. Le ton est monté, on a échangé des noms d'oiseaux, les frères Berger roulaient des pectoraux, j'en ai attrapé un par le colbac… Scandale. Radiation à vie de l'équipe de France.

Honnêtement, moi, ça ne m'a fait ni chaud ni froid : les radiations, je connaissais et j'étais déjà prêt à passer à autre chose. Mais Hugues, lui, avait déjà reporté tous ses espoirs sur les Jeux d'Atlanta de 1996. Avec moi ou un autre, je suis certain qu'il avait le potentiel pour y réaliser de belles choses. À cause de ma grande gueule et de mon caractère virulent, l'« ambition olympique » de mon frère s'est arrêtée là. Il ne me l'a jamais reproché. Jamais. En fait, on n'en a pas reparlé.

Quand je suis rentré pour de bon à la maison après cette longue campagne qui m'avait tant dépaysé, je n'ai pas eu le sentiment d'avoir perdu presque quatre ans de ma vie. La fin me laissait un goût d'inachevé mais on s'était quand même bien éclatés avec le frangin. On avait vécu ces aventures à cent à l'heure, sur la mer Noire, j'avais frôlé la mort. Tout ce que j'aime. Jusqu'à en oublier que je n'avais pas vu grandir mes enfants. À Florian et Romain était venue s'ajouter Tiphanie, ma première fille.

D'autres que moi en auraient peut-être conclu qu'il était temps de s'acheter une conduite de chef de famille ordinaire. D'autres qui n'auraient pas senti couler dans leurs veines ce poison sublime de l'insubordination qui me pousse parfois à me mutiner contre moi-même. J'étais de moins en moins sûr de pouvoir être, un jour, un père exemplaire, mais j'avais, au moins, trouvé une façon amusante d'englober mes trois enfants dans l'affection épisodique que je leur portais en les baptisant «FloRoTif». Ça leur est resté. Il leur reste, au moins, ça de moi.

Entre mon jumeau et ma famille si vite agrandie, c'est vrai que j'ai embarqué pas mal de monde à bord

Seul au monde

de mes aventures, durant ces quelques années. Pour le meilleur et pour le pire, comme on dit. Quand je me lance un défi, je ne sais jamais si j'aurai les épaules assez larges pour en sortir indemne. La plupart du temps, j'en doute. Sinon, ce ne serait plus un défi. À ce jeu-là, je sais que je ne peux pas toujours gagner. L'essentiel est d'avoir la force de rebondir ailleurs, plus loin, plus haut. Est-ce ma faute si mon besoin vital de liberté fait tant de mal aux autres ?

12.

14 décembre, 16 heures, ciel d'azur, vent arrière vingt-cinq nœuds, mer trop accueillante pour être honnête. L'océan Indien s'ouvre devant moi. Un désert liquide de huit mille kilomètres de long. Aucune falaise pour y freiner le vent, aucune terre pour canaliser les vagues qui galopent autour du pôle. J'ai peur de ce qui m'attend. Je l'ai avoué avant de partir, je sais que ça ne se fait pas. Les grands marins au verbe lourd n'ouvrent jamais leur cœur avant un tour du monde en solitaire. Mais quand ils s'en retournent, ils dépeignent tous l'Indien avec les mêmes mots d'effroi. Ils disent tous la traîtrise des vagues croisées, les nuits sans sommeil, les tempêtes qui se chevauchent, le vide immense dans lequel ils se sont précipités et d'où ils n'ont réchappé, parfois, que par miracle. Et ceux qui ne disent pas ça, c'est qu'ils n'en sont jamais revenus.

Seul au monde

En attendant, il faut que je grimpe au mât pour remettre cette drisse. Ce n'est pas un gros job de monter là-haut quand on est au port. Mais seul, sous pilote automatique, même si le vent est franc et que l'Indien s'ouvre devant moi comme un livre d'aventures, ça prend tout de suite une autre ampleur.

Pour escalader mon tube, j'ai une technique particulière inspirée non pas du nautisme, mais de l'alpinisme et d'un copain savoyard, Gilles Morelle. Un système de mousquetons et de baudrier qui me permet de me hisser à la force des bras et des jambes. Évidemment, je n'ai jamais eu le temps de le tester. Je ne connaissais que la méthode classique jusque-là : deux échelles parallèles grâce auxquelles on progresse en posant un pied après l'autre, agrippé au mât. Moi, ça s'apparente davantage à une remontée sur corde fixe, technique habituellement utilisée pour descendre en rappel. Du moins, pour ce que j'en comprends, puisqu'il m'a fallu demander un briefing complet à l'ami Gilles avant de jouer les monte-en-l'air.

J'ai déballé mon matériel tout neuf, j'ai révisé mon mode d'emploi, j'ai fait des essais, ça m'a rassuré. Même si le bateau file calme et droit, je me dis que ça doit être une expérience assez traumatisante de se retrouver coincé là-haut, cap sur les glaces de l'Antarctique… En guise d'échelle, mon système ne comporte qu'une seule corde. Je grimpe en ne me servant que de ma jambe droite, le corps en balancier. Je m'assure à chaque palier pour ne pas me faire éjecter du mât.

Au début, j'ai l'impression d'escalader un immeuble de la Défense à mains nues, je mets une plombe pour m'élever d'un mètre mais, une fois que je l'ai apprivoisée, je me rends compte que ma panoplie d'alpiniste a du bon. Le système marche dans un sens, pas dans l'autre, enfin du moins tant qu'on le décide, je ne cours aucun risque de tomber de mon perchoir : c'est un peu lent mais je me sens en sécurité.

Au bout d'un temps indéterminé, je plante enfin mon drapeau aux deux tiers du mât. Je me balance mollement à dix-huit mètres de hauteur, je repasse cette foutue drisse. Et là, c'est ma récompense : l'un des moments les plus exaltants de ma vie de navigateur, de ma vie tout court. Dernier de Vendée, premier de cordée !

Je suis tout seul, là-haut, suspendu entre ciel et mer dans une lumière éclatante. Le bateau bien calé sur les flots file à dix-huit nœuds, ne laissant dans son sillage qu'une éphémère cicatrice d'écume. C'est le plus beau film en 3D que les studios de Hollywood ne produiront jamais. Je reste de longues minutes à surplomber le spectacle de *technoFirst-faceOcean* s'enfonçant à toute vitesse dans les mers du Sud, loin de toute terre, sans qu'aucun skipper lui dise ce qu'il doit faire. Je ne pense plus au fait qu'en cas de problème il n'y a personne pour m'assurer. J'oublie provisoirement le risque que mon pilote automatique décroche ou que le vent, soudain, se renforce. Je m'accroche à mon mât et j'imprime dans mon cerveau cette vision absolue de ma solitude. Le spectacle enivrant de la petitesse et de la grandeur de l'homme livré à la volonté toute-puissante des éléments...

Quand je repose les pieds sur le pont, j'ai des bleus partout, je suis éreinté de tension, mais là-haut, je ne me suis aperçu de rien. En tout cas, ma grand-voile est à nouveau parfaitement opérante, ce qui devrait me permettre de faire un bout de chemin avec Romain Attanasio, puisque Didac Costa et les autres m'ont largué depuis un bon moment. Romain, lui, a été contraint de mouiller dans la baie de Cap Town pour réparer, sans aide extérieure, ça va de soi, ses deux safrans endommagés par une collision avec l'un de ces fameux OFNI. J'avoue que la présence d'un accompagnateur dans ces contrées hostiles n'est pas pour me déplaire. On se traîne à plus de dix mille bornes de Le Cléac'h qui a repris la tête à Thomson, il nous reste encore les deux tiers du parcours à avaler, mais je ne raisonne pas comme ça.

J'ai découpé mon Vendée Globe en tranches, tout comme la mise en route de mon projet, quatre ans plus tôt. J'aime bien me dire qu'à chaque jour suffit sa peine.

Seul au monde

La mise à l'eau de *technoFirst-faceOcean*, c'est fait, le départ, c'est fait, la prise en main, c'est fait, le pot au noir c'est fait, le… Et maintenant, l'Indien, donc. Disons que c'est juste une très grosse tranche.

43° 58' sud, 54° 36' est. Cap au 145. Romain est à moins de cinquante milles de moi. Ce 16 décembre, à mesure que je m'enfonce dans les quarantièmes rugissants, j'ai l'impression de changer de planète, d'espace-temps, comme s'il y avait une cinquième saison sur les océans, une saison où tout est sombre et menaçant. Le froid arrive, l'humidité s'immisce partout, le ciel descend, le gris devient la seule couleur qui s'étale à perte de vue. Le vent est devenu plus lourd, les vagues plus hautes.

Après toutes ces semaines aux voiles bridées, mon bateau se croit revenu aux plus belles heures de sa jeunesse. Il s'offre des surfs à vingt-cinq nœuds, vingt-huit nœuds, trente nœuds : la grosse houle le soulève par l'arrière et il glisse à toute blinde sur ces pistes éphémères jusqu'à planter son étrave dans une déflagration d'écume. Et dire que durant toute la descente de l'Atlantique il me fallait labourer la mer pour atteindre péniblement dix nœuds de moyenne.

C'est quand il faut manœuvrer, désormais, que ça devient scabreux. Tant que mon bateau calque sa vitesse sur celle du vent, je contrôle, mais dès que je le mets au ralenti et que je fais le zouave sur le pont pour empanner, j'ai l'impression que la puissance des bourrasques décuple et qu'elles vont m'arracher la tête. Malgré tout, je ne m'attache pas à tous les coups avec mon harnais. Je trouve ça trop contraignant. Il faut modifier sans cesse la longe pour s'attacher court, sinon le remède est pire que le mal. Je ne souhaite à personne de basculer de l'autre côté du bastingage d'un bateau en étant attaché trop long… On se retrouve pendu à la coque comme un chien au bout de sa laisse. Je connais des histoires comme ça, pas besoin de me faire un dessin. Donc, il m'arrive de préférer courir un petit risque que de me sentir prisonnier de mes cordages. Ce n'est pas bien mais, même quand ma vie est en jeu, j'ai du mal à supporter les entraves.

Bientôt, les îles Kerguelen. La mer se renforce encore, devient fourbe, change de direction en permanence. Elle nous prend en ciseaux, arrache des grondements de supplicié à la coque de mon bateau. Les semaines précédentes, j'avais l'impression que ma cabine résonnait comme le coffre d'un violoncelle, désormais, je vis à l'intérieur d'une grosse caisse martelée par un forcené. C'est l'Indien, son bruit, sa fureur. Plus d'horizon pour accoster son bateau ou suspendre le vol des albatros. Le premier continent est à plus de trois mille kilomètres. Il n'y a que l'immensité, le ciel infini et la litanie des jours où je m'agrippe à mon vieux compagnon qui tremble de tous ses membres. Et puis, il y a la nuit. La nuit si inquiétante.

Je déteste la nuit. C'est souvent à ce moment-là que je pleure. Juste avant qu'elle tombe. Aujourd'hui, j'ai pensé à ma mère. J'étais en train de contempler ces nuages gorgés de trombes d'eau qui allaient bientôt se fondre dans l'obscurité quand on a reparlé, elle et moi, de son choix de me séparer de Hugues et, par conséquent, de ma scolarité tourmentée. Je ne lui en veux plus. Presque plus. Ça m'a fait de la peine de la voir si malheureuse, tant d'années après, son fier visage ruisselant sous les premières gouttes tombées du ciel.

— Je te promets, Sébastien, j'aurais vraiment aimé te sortir de là, t'inscrire dans une école plus adaptée à ton tempérament, Montessori, peut-être. Si tu savais comme je regrette…

— Il n'y a rien à regretter, Mamita. On sait bien que je n'étais pas fait pour l'école, mais j'ai…

— On n'avait pas les moyens, l'argent passait dans les bateaux, tu sais comment était ton père… C'est aussi bête que ça : on n'avait pas les moyens…

— On s'en fout maman, j'ai eu tellement de chance de vous avoir, vous.

Et voilà comment les larmes me sont venues au crépuscule, presque comme chaque jour. Après, mon esprit a dévié sur Florian, Romain et Tiphanie, mes trois grands. Je sais que ma mère n'a jamais perdu le contact avec eux, contrairement à moi. Quand ils étaient petits, ils étaient tout le temps fourrés chez elle, dans la maison familiale. Heureusement que ma mère est là pour donner un peu de sens à ma paternité. C'est même par elle que j'ai appris que j'étais devenu grand-père de Téo et Lyssana, en mai dernier.

Parfois j'ai l'impression que maman souffre davantage de cette situation que de la misère qui s'abattait sur moi, à la maison, quand papa me corrigeait à coups de ceinture. Ça ne change rien. Avant qu'il ne soit trop tard, j'aimerais offrir à Mamita un dîner de Noël où l'on serait tous ensemble, réunis autour de la table, et du nougat de notre enfance. Elle ne m'a jamais reproché quoi que ce soit, mais elle m'en parle, chaque année, la voix un peu brisée. « Tu vois, Sébastien, j'ai quatorze petits-enfants mais ce soir, une fois de plus, ils ne seront que onze à fêter Noël en famille… »

À force de remuer tous ces souvenirs avec ma mère, je me sentais un peu patraque avant d'attaquer la nuit. Mais les larmes m'ont fait du bien. J'ai tant de choses sur le cœur qui ne demandent qu'à sortir. Je suis tellement différent en ce moment que sur terre, où je cadenasse mes sentiments sous une chape d'orgueil et le verrou de la maladresse. Ce soir, si je m'écoutais un peu, je pourrais presque me convaincre qu'il n'y a pas de fatalité à ce malheur partagé…

Seul au monde

C'est fou comme l'imminence des ténèbres a le don d'exacerber ma sensibilité. Il suffit que le soir tombe pour que j'aie les nerfs comme des cordes de violon. Bien sûr, il y a des nuits claires où tout va bien, où l'eau scintille et le clapot joue de la musique de chambre. Mais dans l'Indien, elles se comptent sur les doigts d'une seule main. Depuis près d'une semaine, les nuits sont sombres, violentes, chargées de menaces. Quand je suis sur le pont, je ne discerne aucune vague, je les devine, je les appréhende, je ne vois que des formes dansant un ballet macabre autour de moi. Mon esprit galope. Je les vois comme des monstres imaginaires qui gonflent, éructent et se refermeront soudain sur mon bateau pour l'engloutir et me catapulter dans mes cauchemars d'enfance.

C'est de là que ça vient. De ce convoyage entre la Corse et les Baléares, en août 1976, sur le bateau d'un ami, avec Hugues et Mamita. J'étais seul à la barre durant le quart de nuit. Il y avait du vent, du noir et cette vague qui nous suivait sans cesse et semblait me narguer. Il suffisait qu'elle le décide pour fondre sur moi et me faire disparaître. J'avais douze ans, je n'osais pas le dire mais j'étais terrorisé. Je ne pouvais pas détacher mes yeux de cette lame luisant dans l'obscurité qui n'était pourtant que le remous soulevé par notre bateau. J'ai passé la nuit entière à épier cet ennemi provocant et sournois qui m'hypnotisait. Il ne s'est rien passé mais je crois que j'aurais préféré encore qu'il se passe quelque chose. Ma peur de l'eau, des profondeurs, des ténèbres est née durant cette traversée et ne m'a plus jamais quitté.

Hier soir, encore, j'ai pu constater à quel point elle me serrait la gorge. Le vent promettait de forcir pendant la nuit et il a fallu que je lâche un ris dans la grand-voile. Il devait être environ 23 heures. J'ai allumé mon gros projecteur de pont, ça a fait un trou blafard dans l'obscurité. Ensuite, tout s'est passé comme si j'exécutais ma manœuvre en apnée. J'ai serré les dents, je me suis forcé à ne pas penser à ce que je faisais et où je le faisais. Dans ma tête, je scandais toutes les phases de l'opération de « hop ! » et de « voilà ! » comme un gamin qui cherche à se donner du courage. J'ai eu l'impression que ça n'en finissait pas mais ce n'était qu'une impression, en fait j'ai dû boucler la manœuvre bien plus rapidement qu'à l'habitude. Quand j'ai eu fini mon travail au pied du mât, je suis revenu dans la cabine au pas de charge. En fermant la porte derrière moi, j'ai levé les deux bras comme si j'avais gagné le Vendée Globe. « *Yes !* Ouais ! C'est fait… »

Avec tout ça, je dors de moins en moins. En tout cas, la nuit. De temps en temps, je m'accorde une petite

Seul au monde

sieste dans la journée pour récupérer de mes angoisses de la veille au soir. Un petit quart d'heure, allongé, tout habillé, avec mon ciré qui dégouline le long de ma couchette. Mais c'est vraiment exceptionnel. Il faut vraiment que je sois vidé, sans une once de volonté. Sinon, je fais toujours très attention à ce que mes affaires restent au sec. J'ai l'impression d'endurer tellement d'épreuves durant cette course que je me préserve au maximum du froid et de l'humidité. C'est sûrement les seuls ennemis sur lesquels j'ai encore un peu de prise.

La nuit, je m'accorde des tranches de sommeil de deux, trois heures maximum. En fait, je ne m'accorde rien, je n'ai pas de réveil. Je fais confiance à mon instinct. C'est la petite musique du bateau qui me commande de bondir hors de ma couchette et de passer à l'action. Pour autant, je ne bâcle pas ces modestes roupillons.

Même si je dois me relever dans l'heure qui suit, je sacrifie à tout un cérémonial, comme si je n'attendais plus que ma mère pour venir me border. Je me mets au dodo, vraiment. Je me déshabille, j'enlève tout, je range mes vêtements dans une housse en plastique. Un grand sac fermé, étanche, pour les empêcher de prendre l'humidité. Ensuite, je me glisse dans mon duvet et je place la housse contre moi. Je dors avec elle. Ce n'est pas que ça me fait de la compagnie mais ça préchauffe mes fringues. Quand je les enfile à nouveau, deux heures plus tard, mon pull de montagnard est presque tiède. Presque sec. Je suis prêt à remettre le nez dehors par moins cinq degrés.

Pas loin de dix jours, déjà, que je navigue dans l'Indien. Le bateau ne fend plus les vagues, il les escalade puis les dévale en soulevant des tombereaux de flotte qui lessivent le pont, les voiles, ma pomme. Ça creuse chaque jour, chaque heure, un peu plus. La houle dépasse régulièrement huit mètres. Mais ce n'est pas sa hauteur ni même sa force qui m'obsèdent. Ma hantise, ce sont les vagues croisées qui peuvent nous anéantir, moi et mon bateau, comme un vulgaire bout de bois sous la tenaille. Certes, on est toujours poussé aux fesses par les dépressions qui traversent l'Antarctique d'ouest en est avec une mer qui s'enroule dans la même direction. Mais, parfois, une autre dépression apparaît qui, elle, déboule du golfe du Mozambique et fond sur nous à quatre-vingt-dix degrés en charriant ses propres déferlantes. Deux mers que plus aucune terre ne canalise ni ne freine. Deux mers à quatre-vingt-dix degrés. Et nous au milieu. Pour l'instant, ça passe. Pour l'instant.

Je file à la longitude des îles Kerguelen. Avec Romain Attanasio, on se suit toujours à moins de cent cinquante milles l'un de l'autre, cap au sud-est. On slalome comme on le peut au milieu des dépressions qui tournoient autour de nous comme des cyclones. De temps à autre, on communique par mail.

— Romain, vu le bulletin d'alerte de la direction de course sur ce qui va nous tomber sur la gueule, je te signale que je pars au nord pour quelques heures...

— C'est marrant, je viens d'empanner il y a dix minutes, cap au nord...

Moi, je dis qu'on n'est pas trop de deux dans ces parages. Ne serait-ce que pour se soutenir moralement. Ça me revient, d'ailleurs : je me souviens de la messe qui a été donnée aux Sables-d'Olonne, juste avant le départ, pour les marins du Vendée Globe. Il faut croire que les grands pros de la course ont d'autres obligations à honorer ou alors qu'ils comptent sur leur seul savoir-faire pour triompher de l'adversité. En fait, on était que deux skippers dans l'assemblée : Romain et moi. Sûrement qu'on devait pressentir que toutes les aides, mêmes divines, seraient les bienvenues pour aller au bout de notre périple... De ce point de vue-là, je suis vraiment bien pourvu.

J'ai aussi dans ma manche la bénédiction de sœur Bénédicte. Je crois que c'est Jaco qui l'a rencontrée le premier, dans le train qui le menait de Toulon aux Sables-d'Olonne. Depuis, elle prie pour moi. Je ne sais pas, au juste, ce qu'elle demande à Dieu, j'ignore si le

Seul au monde

Tout-Puissant est intervenu dans la résolution de ma panne de moteur, mais ce parrainage prestigieux me va bien. Gamin, j'ai baigné dans la religion. Dans ma famille, il y a beaucoup de fidèles. Moi, j'ai fait baptiser mes enfants, je veux bien aller à la messe, mon bateau a été béni comme le veut la tradition, j'accepte volontiers qu'on prie pour moi, mais je ne suis pas pratiquant. Ce matin, encore, sœur Bénédicte m'a laissé un message : « Vous êtes présent dans toutes mes prières et vous le serez, chaque jour, jusqu'au bout... » Depuis le départ, elle a dû avoir le temps de faire vingt-cinq mille chapelets. Je plaisante mais ça m'arrange qu'il y ait des gens qui parlent à Dieu de ma part puisque je ne le ferai pas moi-même. Et même quand j'ai le moral à zéro, la révélation tarde à venir. Je ne vais pas commencer à faire des signes de croix, à genoux dans mon bateau, sous prétexte que je navigue dans les mers du Sud.

Après avoir reçu le message de sœur Bénédicte, je suis monté sur le pont. On aurait dit que je pressentais qu'il fallait que j'en profite maintenant, que ça n'allait pas durer. Le ciel était lavé de tout nuage et je me suis accordé ma récréation préférée depuis que je file vers les cinquantièmes hurlants. Deux albatros planaient dans le bleu, en surplomb du bateau. Des oiseaux démoniaques, de près de trois mètres d'envergure, qui devraient me suivre, eux ou leurs frères, jusqu'au cap Horn. Ils ont fait leur apparition dès que j'ai cogné à la porte de l'Indien. Je leur parle, je les hèle : « Eh ! collègues… » Souvent, j'ai l'impression que c'est eux qui m'observent comme si j'étais une pauvre mouette égarée loin de ses bases. Je ne comprends pas comment ils font. Je me pose la question chaque matin. Comment se débrouillent-ils pour voler sans jamais battre des ailes ? Je le leur demande et ils ne me répondent pas. Ou alors, c'est moi qui ne pige pas ce qu'ils me chantent. Je les suis autant que mes yeux le peuvent : ils planent tout le temps, vent debout, vent arrière, vent de côté… Le jour où ils décideront de nous livrer leur truc, on cessera de larguer du kérosène dans le ciel. Ils s'élèvent en courbant légèrement les ailes, ils redescendent, s'amusent à planer en caressant la crête de la vague. Ils tournent autour de mon bateau, disparaissent au sud de nulle part, reviennent d'on ne sait où. À leur façon, ils m'expliquent qu'ils sont ici chez eux et que, moi, je ne suis que toléré. Mais ça, je l'avais bien compris. Bien avant ce maudit 21 décembre.

La nuit précédente, déjà, j'avais eu ma première alerte. Je dormais d'un œil quand j'ai senti que le bateau faisait des mouvements bizarres. Il ballottait fiévreusement au lieu de taper franchement dans les vagues, c'était imperceptible, surtout en plein sommeil, mais j'ai quand même cru bon de jeter un œil par le hublot : mon J3, ma voile d'avant, avait cassé son point d'amure et se baladait en haut du mât… Pourquoi pas ? Quand je passe une tête dans le cockpit, sous la flotte et des rafales de quarante nœuds, je me rends compte que mon mât a morflé, lui aussi, et qu'il oscille d'avant en arrière. Là, c'est déjà plus inquiétant. En même temps, le verdict est limpide : ça signifie qu'un câble a lâché, une bastaque, ces gros filins fixés sur le pont arrière et qui maintiennent le mât à la verticale. Priorité des priorités : rester calme. C'est ce que je me force à me répéter en m'habillant de quatre couches superposées : « Seb, il y a danger, mais ça ne sert à rien de sortir en courant tout nu par moins dix. D'abord, on se met bien propre, bien chaud, on s'équipe, harnais et tout le toutim, et ensuite on réfléchit à comment on pourrait se sortir de ce foutu d'enfoiré de pétrin de merde ! » Donc, j'ai bien fait retomber la pression.

Une fois que j'ai été prêt à intervenir comme s'il s'agissait de dénouer le lacet de ma chaussure, je suis sorti sur le pont. Ensuite, le dilemme était si compliqué que je préfère écourter la scène. *Grosso modo*, mon dialogue intérieur donnait ceci : soit je me mets vent arrière pour ranger le J3, mais si je me mets vent arrière, il y aura encore plus de pression sur le mât vers l'avant ; soit je me place face au vent pour récupérer le câble de bastaque emmêlé dans la grand-voile, sauf que si je me place face au vent avec le J3 en l'air, je vais le détruire et il va endommager le mât. Pas simple, en effet. J'ai longuement pesé le pour et le contre. Ensuite, j'ai passé cinq heures à guerroyer dans le gel et l'obscurité, bordant la grand-voile pour dégager la bastaque, secouant le truc dans tous les sens pour récupérer le câble, installant une bastaque provisoire le temps de faire tomber le J3 au vent arrière, de le réparer et de le renvoyer. En un mot comme en cent : un gros, un très gros chantier ! C'est pour ça que la nuit suivante, cette satanée nuit du 21 décembre, sur les coups de 3 heures du matin, je somnole à moitié devant ma table à cartes malgré le danger qui rôde.

Toute la journée, j'ai fait route vers le nord. Un peu plus tôt, la direction de course a envoyé un avis de très gros temps dans la zone des Kerguelen. De fait, la mer est devenue un volcan furieux, les vagues percutent le bateau à l'avant, à l'arrière, par le travers. J'ai tout juste eu le temps de me poser un peu au-dessus des quarantièmes, vers 38° ou 39° sud. C'est suffisant pour échapper au carnage, pas à l'ingrat métier de veilleur de nuit. Depuis quelques heures, j'ai l'impression de loger à l'intérieur d'un punching-ball. Je suis écartelé sur mon fauteuil de dentiste, les mains vissées aux accoudoirs, les paupières clignant devant mes compteurs, radar, vitesse, force du vent, pilote automatique, GPS de secours... J'attends l'inéluctable vague scélérate tout en sachant que je ne pourrai rien faire pour m'y opposer.

Et c'est exactement ce qui se passe à cet instant, quand une sorte d'Hercule surgi des profondeurs soulève mon bateau et s'apprête à le retourner comme une crêpe dans un grand fatras d'objets volants. La vague a fait un bruit énorme en tapant le bateau à bâbord, presque une déflagration. J'ai juste eu le temps de grimacer et de bander mes muscles au maximum. En l'espace d'une seconde, mais une très brève seconde, je me suis retrouvé quasiment à l'envers, les pieds posés sur le plafond. Il y a dix mille choses qui me traversent l'esprit malgré la brutalité des événements.

D'abord verrouiller la porte de la cabine, sinon je vais avoir un gros dégât des eaux et je risque de parler aux poissons quand mon bateau formera un couvercle au-dessus de moi. Ensuite, j'ai le réflexe de penser à ma position, à celle de Romain Attanasio, à la rapidité toute relative des futures opérations de sauvetage. Les idées noires se bousculent dans ma tête, parce que pour moi, c'est évident, je suis en train de chavirer : le bateau est à quatre-vingt-dix degrés, j'ai entendu un grand « crac », je me suis pris la casserole qui traînait sur le réchaud en pleine tronche... J'ai beau n'avoir jamais chapoté sur un Imoca – et pour cause, c'est la première fois que j'en fais –, ça m'est déjà arrivé plusieurs fois sur toutes sortes de bateaux. Il penche, il penche et, d'un seul coup, il part cul par-dessus tête. C'est ce qu'on appelle le « point de non-retour ». Celui qu'on nous a fait tester dans le port de Toulon quand j'y ai laissé mon mât. Voilà où j'en suis. Au point de non-retour. La vague nous a heurtés de travers, nous a pris, nous a roulés et va finir son sale boulot. C'est maintenant. Enfin, presque.

Une incantation divine de sœur Bénédicte ? Une contre-vague ? Oui, sûrement, je ne vois que ça dans cette mer qui crache ses déferlantes de tous côtés. Après le brusque choc, j'ai l'impression de vivre la suite au ralenti. Le bateau s'est d'abord stabilisé un court instant à l'horizontale, la tête de mât sous l'eau. Là, je me suis dit qu'il fallait attendre de voir de quel côté la pièce allait tomber. Suspense interminable de quelques nanosecondes... Puis, dans un improbable mouvement de balancier, je chois sur mon fauteuil, le bateau commence à se redresser lentement comme un fier soldat des mers du Sud. Et il se remet droit sur sa quille, un peu flageolant, couinant de toutes ses articulations, mais déjà prêt à reprendre le combat...

Pour autant, je ne suis pas au bout de mes peines. Lui non plus. Si mon bateau a recouvré l'équilibre, il y a une contrepartie à son effort surhumain. Normalement, il ne peut pas se redresser, sauf si j'ai perdu le mât et les voiles. Donc, il doit y avoir de la casse.

Seul au monde

Je saisis la torche qui a atterri dans l'évier, je grimpe dans le cockpit, je balaye la nuit. Deuxième intervention du Saint-Esprit : le mât est toujours là, les voiles aussi, en plein essorage ! Et le grand craquement que j'ai entendu lorsque la vague nous a percutés ? J'espère que ce n'est pas une voie d'eau dans la coque. J'espère parce que je ne peux rien faire d'autre. Je ne vais pas inspecter ma carène, de nuit, dans la tempête. Il faudrait se pencher avec la torche par-dessus le bastingage, jouer les équilibristes pour pas un rond puisque aucune opération de renflouage n'est envisageable dans l'immédiat. De l'intérieur, je ne peux rien voir non plus, car les ballasts m'empêchent d'avoir accès à la structure en carbone. Donc, c'est le moment philosophique de la soirée : demain, il fera jour.

En attendant de passer la coque de *technoFirstfaceOcean* à la visite médicale, je me dis qu'en dépit de mon aversion pour la nuit une bonne étoile veille sur moi. J'en suis quitte pour une belle frayeur mais la course continue, la vie continue… Ça ne sert à rien de veiller comme un somnambule devant ma table à cartes. L'important, c'est de reprendre des forces et du moral avant les prochaines épreuves. Car la tempête est toujours tout autour de moi. Le vent sauvage s'immisce jusque dans la cabine, sa musique résonne à mes oreilles comme les mugissements d'une meute de loups affamés. Et si j'allais me coucher une heure ou deux avant de délirer complètement ?

La morale de l'histoire, c'est que, dans ces parages, ça peut passer une fois sur un malentendu, rarement deux.

Une petite heure plus tard, je dois ronfler comme une forge quand la petite sœur de la vague qui m'avait propulsé en apesanteur vient à son tour frapper à la coque, me jetant hors de ma couchette. Pour autant que je puisse en juger, le choc a été moins violent que la première fois même si, sous l'impact, le bateau s'est à nouveau couché comme un boxeur sonné. Moi, comme un idiot, ou comme un type très fatigué, je me suis couché du mauvais côté, sur la bannette de gauche. L'exception à la règle, le truc qui ne m'arrive quasiment jamais puisque j'ai l'habitude de dormir sous le vent. Mais il est trop tard pour refaire le plan de ma chambre.

À l'instant même, je me réveille en plein vol plané est-ouest dans ma cabine et j'ai juste le loisir d'écarquiller les yeux pour constater que je vais atterrir sur l'angle de mon évier. Là, j'ai beau contracter tout ce que je peux, l'évier m'éclate le côté droit du thorax et je retombe sur la marche d'accès à la cabine qui s'occupe de mon flanc gauche. Et comme disait l'autre, la course continue, la vie continue...

Seul au monde

Tandis que je gis sur le sol avec les côtes en marmelade, le bateau, lui, s'en fout : il s'est remis d'équerre, encore une fois, il repart comme si de rien n'était. C'est un moment plutôt surréaliste même si, sur le coup, le comique de la situation m'échappe. Je suis étendu par terre, électrocuté par la douleur, prisonnier de mon duvet, avec mon bateau qui ne m'attend pas et qui vit sa vie tout seul dans les quarantièmes rugissants... J'ai beau serrer les mâchoires autant que je peux, ne plus me rappeler les moindres détails de cette nuit cauchemardesque, je suis sûr qu'une plainte aiguë a dû jaillir du fond de ma gorge entre deux filets de bave : « Qu'est-ce que je fous là ? » Qu'est-ce que je fous là !

Je survis. Je reprends mes esprits tant bien que mal. J'ai les côtes fêlées ou brisées, je gis en chien de fusil dans mon linceul grand froid bariolé de couleurs fluo et je tente de ramener un peu de raison dans ce foutoir. La seule question qui vaille, c'est : comment faire pour amener le bateau jusqu'en Australie ? À ce moment-là, je ne pense absolument plus à rallier les Sables-d'Olonne.

Pour moi, la course est finie. Mais je n'ai pas envie qu'elle se termine dans un concert de sirènes et de réflexions désobligeantes. Je veux qu'elle se termine dignement. Il est hors de question d'appuyer sur le bouton pour qu'on vienne me chercher. Sans jouer les héros, il me faut un peu plus qu'une poignée de

Seul au monde

cartilages ébréchés pour que j'appelle à l'aide. Ça me rappelle l'une des fameuses expressions de mon père, cent fois répétée lorsque l'un d'entre nous avait un pet de travers : « Si tu as si mal que ça, cesse donc de pleurnicher, va t'étendre un petit peu… » C'était sa méthode d'éducation. Il avait le sens de l'écoute, mais seulement pour la musique. N'empêche, je reste fidèle à son précepte.

Allongé sur le sol de ma cabine, j'essaye d'envisager les différentes options qui s'offrent à moi. Le tour est vite fait. Continuer envers et contre tout ? Impossible. Pas tout seul, sur un bateau de vingt mètres, avec les côtes explosées. Déjà, en pleine possession de mes moyens, c'est l'enfer… Non, à cet instant précis, je ne peux qu'anticiper les conditions de navigation que je vais croiser sur la route de l'Australie et de l'abandon. Par chance, j'ai la toile au minimum, deux ou trois ris, pas plus. Le vent peut monter ou baisser soudainement : pas de manœuvres à l'horizon, je suis peinard au niveau des voiles. Demain, je tenterai de me hisser jusqu'à ma table à cartes pour voir à quelle distance je me trouve du premier port. D'ici là, j'ai vraiment envie de finir ma nuit, allongé par terre, au milieu de mes affaires de toilette et des ustensiles de cuisine. De toute façon, je ne peux pas descendre plus bas.

Ensuite, tout va beaucoup plus vite que je ne le pensais quelques heures plus tôt, encore en état de choc. Je ne me pousse pas du col, je ne me prends pas pour un surhomme, je suis sûr que n'importe qui aurait pu faire ce que j'ai fait... C'est juste une question de circonstances. Quand on n'a pas le choix, on trouve en soi des ressources qu'on ne soupçonne pas dans la vie de tous les jours.

L'après-midi du 22 décembre, pour la première fois, je me hisse sur le pont. En rampant. Il n'y a pas de manœuvre urgente à effectuer mais j'ai vu à travers le hublot qu'un cordage était en train de partir à la mer. Le matin, j'ai ingurgité une triple dose de Doliprane. C'est comme ça que j'ai décidé de me soigner. Aucune envie d'alerter le docteur Chauve pour que ça fasse tout un pataquès. J'aurais l'air fin après mon coup de gueule lors du briefing de départ. Sur le pont, j'ai voulu me mettre à genoux mais j'ai senti un poignard qui s'enfonçait dans mes côtes. Donc, j'ai rampé jusqu'au bastingage et j'ai ramassé le bout qui se barrait dans la flotte. J'avais peur que ça abîme l'accastillage. J'ai pensé que ce n'était pas le moment de jouer avec le diable. Négligence zéro. Plus que jamais. Ensuite, j'ai repris deux ou trois comprimés et je me suis recouché. J'avais fait ma gymnastique pour la journée.

Le surlendemain de l'accident, ça allait déjà mieux. J'ai fait ma petite promenade de vieillard en me tenant à quatre pattes. Au passage, j'ai compris d'où venait le sombre craquement qui m'avait fait froid dans le dos la première fois où le bateau avait failli se retourner. Un montant en carbone soutenant la casquette du cockpit avait cassé net. Elle était déjà bien couturée, j'avais mis du Scotch un peu partout. Je me suis quand même juré de remettre ça d'aplomb dès que je pourrais l'être moi-même. Au rythme où ça allait, je me donnais encore une petite semaine. Pour fêter ça, le soir, j'ai tapé dans le sac hebdomadaire de nourriture et je me suis offert un double dîner à cinq mille calories. Je me suis hissé à la hauteur du réchaud en me tenant à ma couchette et j'ai envoyé les lasagnes plus le bœuf bourguignon. Je me sentais beaucoup mieux après. C'est en avalant ma troisième barre de chocolat que la décision s'est définitivement imposée à moi : je n'avais plus aucune raison d'abandonner.

Le 24 décembre, il a fallu que je change une voile et que je la roule. Entre-temps, j'avais remis le cap sur la Tasmanie et la sortie de l'Indien. Ça m'a fait un mal de gueux, je respirais comme un phoque asthmatique. À genoux, au pied de mon mât, je devais avoir l'air d'un nain ou d'un type qui implore le dieu des côtes pétées. Mais j'ai exécuté ma manœuvre jusqu'au bout. J'y ai mis la moitié de l'après-midi là où, en principe, une demi-heure suffit. Mais je l'ai fait. La satisfaction que m'a procurée ce petit exploit m'a mis en joie comme le plus beau des cadeaux. Le lendemain, c'était Noël.

Ce 25 décembre, je n'ai pas envie d'ouvrir la caisse que mes proches ont entreposée « Chez Momo » spécialement pour l'occasion. Ce n'est pas que je broie du noir, bien au contraire. C'est juste que je sors d'une période difficile et que la seule chose qui m'occupe l'esprit, c'est d'en finir avec ce putain d'Indien ! J'ai l'impression qu'en ouvrant cette caisse une part de moi va m'échapper et revenir à terre. Qu'importe la tradition, tant pis si c'est le jour dit. Ici, tous les jours se ressemblent : c'est la guerre du matin au soir. Si j'avais voulu fêter Noël avec la cheminée et la bûche glacée, je n'aurais jamais choisi cet endroit.

Il fait un temps de chien, *technoFirst-faceOcean* bondit de crête en crête à plus de vingt nœuds, chaque soubresaut me tire encore une grimace. Mon téléphone sonne. C'est très rare qu'on m'appelle. Ça fait bien longtemps que ça n'est pas arrivé. La dernière fois, ça devait être quand je piquais ma crise de nerfs devant mon moteur inerte. Sinon, la règle veut que la terre n'appelle jamais le bateau, sauf en cas d'urgence. Le skipper peut téléphoner quand il veut mais on ne le dérange pas à l'improviste. Personne n'a idée de ce que je fais à bord quand il est 18 heures aux Sables-d'Olonne. Peut-être que je dors, peut-être que je choque la grand-voile, peut-être que je n'ai envie de parler à personne sauf à moi-même.

— Salut frangin !
— Salut Jean-Gui !
— Bon, ben, voilà, je voulais juste te souhaiter un joyeux Noël...
— Merci, c'est gentil d'y avoir pensé. Joyeux Noël à toi aussi. Et embrasse tous les autres...
— Attends ! J'ai encore un truc à te dire. Tu vois, aujourd'hui, tu passes ce 25 décembre dans un endroit où personne de la famille n'est jamais allé. Ni tes frères, ni le Commandant, ni l'arrière-grand-père. Un endroit où aucun d'entre nous n'ira jamais. Personne... Jamais... Alors, profite, Sébastien ! Marque ta position sur la carte et dis-toi bien que c'est un Noël vraiment particulier pour nous tous et, surtout, pour toi.
— Arrête, tu vas me faire pleurer...
— Bon sang, Séba ! Si tu savais comme j'aimerais être à ta place...

13.

Les fêtes en famille, bien sûr, que ça compte ! Mais quand je suis sur un projet comme le défi de Marc Bouët pour la Coupe de l'America 1995, il m'arrive d'avoir d'autres priorités... C'est ce que je me tue à répéter à Geneviève à l'approche de ce Noël 1993. Florian, Romain et Tiphanie sont inscrits à l'école d'Ollioules, leur mère consacre son temps à les élever, notre tanière au milieu des arbres fruitiers résonne de leurs cris joyeux même en mon absence. Tout roule. Tout roule sauf que j'ai besoin de faire entrer un peu d'argent dans les caisses et que je ne supporte pas de rentrer à la maison à heures fixes comme un fonctionnaire. Ça doit me venir de la vision de mon père, ses allers-retours au lycée d'Hyères réglés comme du papier à musique, son petit cartable, son visage de cire... Tout ce qui touche de près ou de loin à la routine me donne le sentiment de mettre un pied dans la tombe. Bref, ce n'est pas négociable : j'irai passer Noël à San Diego pour m'entraîner sur *Harmonie* avec Marc Bouët. Noël, c'est tous les ans, une Coupe de l'America, ça n'arrive jamais, ou si rarement, dans une vie de marin.

Ma voilerie sur le port a périclité à cause de mes nombreuses absences durant notre préparation olympique mais je n'ai pas tardé à rebondir sur ce projet financé par Jacques Dewailly, un richissime homme d'affaires à la retraite. Un défi pour la Coupe de l'America, ça ne ressemble à aucun autre objectif. C'est une expédition spatiale : ça coûte une fortune, les attributions de chacun sont définies au millimètre et le trophée, créé en 1857, est si haut perché que la France ne l'a jamais gagné. Parmi les seize équipiers du bateau barré par Marc Bouët, ancien lieutenant de Marc Pajot, je suis affecté à la bastaque. En gros, c'est moi qui tire les câbles reliés au mât pour ajuster les voiles. Si l'intérêt de la manœuvre est mineur, la tâche est plutôt physique. Il faut enrouler un gros winch avec environ quatorze tonnes de tension au bout des cordages. À côté de ça, ma place à l'arrière du bateau, tout proche du barreur, et ma vision panoramique du plan d'eau font de moi l'un des principaux stratèges à bord. Ce rôle convient parfaitement à mon tempérament de compétiteur. Plus tard, à l'occasion d'autres défis, je deviendrai « le » tacticien de l'équipe, une sorte d'oracle recueillant toutes les informations du navigateur et de la cellule météo, anticipant les variations du vent, des positions adverses, et déroulant le scénario de la course pour son barreur, en direct, avant même que celle-ci soit courue. Mais, pour l'heure, je débute dans la carrière. Après la préparation olympique, je m'offre, avec cette Coupe de l'America, le deuxième des quatre sommets du nautisme. Ensuite, je pourrais peut-être m'attaquer au troisième : la Volvo Ocean Race, le tour du monde par étapes en équipage. Le Vendée Globe, en revanche, ce n'est clairement pas dans mes cordes...

En tant que régatier professionnel, je loue mes services un peu comme un mercenaire. Normalement, je devrais être rétribué à la journée. Quand on ne séjourne pas à San Diego, là où se déroulera la compétition en 1995, je passe l'essentiel de mes journées à notre camp de base d'Antibes. Ça fait plus d'un an que ça dure et, pourtant, j'attends encore mon premier billet. Le pire, c'est que je ne m'en soucie pas plus que ça. Je n'ai pas beaucoup changé depuis l'époque du Triomphe et des chèques falsifiés. Au fond, je me fiche bien de travailler gratos pourvu que je sois payé en adrénaline.

Cette insouciance chronique, doublée de mon besoin perpétuel d'aller voir ailleurs si j'y suis, m'éloigne chaque jour un peu plus de ma vie de famille. Mon mariage est un échec. Mes frères n'en seront guère surpris, eux qui m'avaient mis en garde lorsque j'avais annoncé mon intention de fonder un foyer. Mais qu'est-ce qu'ils en savaient, au juste, de ma faculté à vivre ma vie en accéléré ? À dix ans, je portais déjà mes blessures d'adulte, à seize ans, j'enfilais mon premier bleu de travail, à vingt ans, je faisais la loi dans un bouge, pourquoi n'aurais-je pas dû me marier si jeune ? Personne ne peut me comprendre. Sauf moi. Encore faudrait-il que je n'aie que ça à faire. Avec Geneviève, nos conversations sont sans issue, les reproches sonnent pour moi comme des brimades et je ne supporte pas, je ne supporte plus les brimades. Je crois que je préfère encore les silences lourds de sous-entendus de ma femme. Je n'ai aucun mal à lire leur texte dans ses yeux verts dont chaque éclat me transperce : « Ce n'est vraiment pas raisonnable quand on est père de famille… » Non, je ne suis pas raisonnable ! Je suis une tête de cochon, un écorché vif, un grand gamin égoïste, un éternel insatisfait sauf quand je respire l'air du large, je sais, je sais tout ça, tiens, d'ailleurs, j'en ai marre, je me casse…

Nous nous séparons définitivement au printemps 1994. Les enfants restent avec leur mère. Je ne vois pas comment je pourrais les emmener dans mon paquetage. C'est le début d'un long trou noir en ce qui concerne nos relations.

En décembre de cette même année, le défi antibois, lui aussi, finit dans le mur. Il manque quelques dizaines de millions de francs pour aller au bout de l'aventure, même un passionné richissime comme le propriétaire d'*Harmonie* n'a pas les reins assez solides pour plonger dans le gouffre financier de l'America. J'encaisse cette nouvelle déconvenue sans broncher, comme d'habitude. Du reste, elle est toute relative. Pendant deux ans, j'ai approché le Graal du « match racing », là où la moindre régate raconte ma vie. C'est quelque chose que j'ai dans le sang : le combat, le duel, le vent pour seul arbitre. À la fin, on gagne ou on est mort. J'adore… Là, je suis mort, mais c'est juste une question de semaines pour ressusciter.

Autant je commence à en douter au quotidien, sur un bateau, c'est une vraie qualité de savoir prendre des décisions en un quart de seconde. Durant notre collaboration, Marc Bouët m'a souvent laissé la barre. Je n'ai pas peur d'endosser mes responsabilités lors des régates d'entraînement. J'ai pris beaucoup de plaisir à l'exercice et j'y ai fait étalage de mon principal bagage. Dès que le gong résonne, je suis vraiment un chien… C'est amplement suffisant pour se faire un nom dans le milieu.

Au début de l'année 1995, je suis contacté par Luc Gellusseau, le skipper de *Team Corum*, pour intégrer son équipage. Depuis qu'il a gagné l'Admiral's Cup, la chasse gardée des Anglais au large de l'île de Wight, ce gars est une légende auprès des initiés. À ses côtés, je vais découvrir une sorte de cinquième frère. Il a dix ans de plus que moi mais on fonctionne pareil, on a le même humour, on est tous les deux des fous furieux. Dans la catégorie des Mumm 36, des bateaux d'environ onze mètres, on écume les étapes du championnat du monde par équipes. Et on flanque des raclées à toutes les grandes nations du yachting. On gagne sept étapes sur huit, notre domination est totale jusqu'à se muer en ascendant psychologique. Quand toute la flotte va à gauche, Luc choisit de partir à droite et on leur met un caisson! En face de nous, pourtant, il y a des clients: des Néo-Zélandais, des Australiens, des Américains qui, pour la plupart, viennent de disputer la Coupe de l'America. Des orfèvres de la régate «in-shore» qui déboulent sur les pontons en bombant le torse, forts de leur palmarès et de cette vérité d'airain: «Mettez onze Anglo-Saxons sur un bateau et vous aurez un équipage, mettez onze Français et vous obtiendrez onze Français...» Seulement, voilà, sur *Team Corum*, on est tous sur la même longueur d'ondes. Il suffit que Luc donne le signal pour qu'on pense la même chose au même moment: «Et si on leur faisait rentrer dans la gorge leurs sourires condescendants!»

L'épopée dure deux ans. Elle me permet d'acquérir un vrai statut à l'international et de côtoyer les stars de « Team New Zealand » qui viennent de remporter la Coupe de l'America. Mais je navigue aussi à domicile pour mon propre compte. En 1996, je remporte le Tour de France à la voile sur *Ville-de-Bordeaux* – c'est là que j'ai posé mon sac après la séparation avec Geneviève. Sur la ligne d'arrivée à Nice, Michel-Édouard Leclerc, sponsor principal du bateau, monte à bord pour féliciter l'équipage. Il est déjà apprêté pour la cérémonie protocolaire, chemise rose et veste beige. Au moment où il s'approche pour me serrer la main, ça ne fait ni une, ni deux, je le balance dans l'eau du port ! Je m'excuse alors qu'il est encore en train de brasser.

— Désolé, monsieur Leclerc, j'espère que vous ne le prenez pas mal…

— Tu rigoles, je ne pouvais pas rêver plus accueil de marin ! J'ai enfin l'impression de faire partie de l'équipe…

La vie est trop courte, trop injuste pour qu'on la prenne au sérieux. Toutes les occasions sont bonnes pour s'amuser. Ça me permet d'oublier que Geneviève refuse que je rende visite aux enfants entre deux régates. Elle ne me les passe même pas lorsque j'appelle au téléphone. À moins que ce soit eux qui préfèrent ne pas me parler. Je n'en sais rien. Je ne sais même pas comment j'aurais réagi à leur place moi qui, à cet âge-là, n'étais qu'une graine de violence. La seule chose dont je sois sûr, c'est que lorsque Kim m'a proposé de déménager avec elle en Australie, je me suis dit que quinze mille kilomètres ne pouvaient pas m'éloigner davantage d'eux.

Je l'ai rencontrée lors d'une régate à Perth. Nous avons suffisamment sympathisé pour qu'elle me rejoigne en France lors de ses vacances. En octobre 1996, elle me met le marché en main :

— Tu ne crois pas qu'il est temps de penser à notre avenir ? Ma vie est en Australie, mes amis sont en Australie, mon boulot est en Australie : et si tu venais t'installer avec moi là-bas ? Tu verras, Perth, c'est vraiment le paradis sur terre…

— Si tu le dis, mon amour… Je te suivrai jusqu'au bout du monde.

C'est la première fois que j'obéis à quelqu'un au doigt et à l'œil. Il le faut, car Kim est une femme à poigne, une *executive woman*, comme on dit là-bas. Moi qui n'ai jamais eu peur de me colleter avec des molosses d'un quintal, je file comme un toutou lorsque cette sublime liane blonde me transperce de ses yeux bleus. D'une pichenette, elle fait tomber toutes mes défenses. Elle entame une brillante carrière de chasseuse de têtes dans un cabinet de ressources humaines et gagnera bientôt en une semaine ce que n'ai jamais réussi à mettre de côté en dix ans. Le lendemain de sa proposition, j'étais déjà à l'ambassade d'Australie en train de remplir ma demande de résident permanent en tant que sportif de haut niveau.

C'est vrai que c'est beau Perth. Très propre, très grand, très vert, très riche. Il y a la Swan River où s'ébattent les cygnes noirs et le ciel bleu où ne s'ébroue aucun nuage, été comme hiver. C'est très isolé, aussi. L'État de Western Australia, dont Perth est la capitale, ne compte que deux millions d'habitants sur un territoire cinq fois plus grand que la France. Kim est d'origine anglaise mais elle semble coulée dans le moule de la culture locale. Avec sa silhouette de mannequin, ses manières hiératiques, elle est ton sur ton dans ce décor tiré à quatre épingles. Très vite, elle me parle d'acheter une maison.

— Déjà, Kim ? On est bien, non, en location ?...

— Fais-moi confiance. J'en ai repéré une, pas trop chère, à South Perth, je pense qu'elle te plaira.

— Pas trop chère ? C'est le quartier le plus chic de la ville...

— Écoute, ici, ce n'est pas comme en France. Le rêve australien, c'est d'acheter une maison. C'est presque un sport national : on achète, on revend, on rachète... Tu n'as qu'à me laisser faire...

Je ne demande que ça et il ne me faut pas longtemps pour prendre mes aises dans notre propriété bordée par la rivière. À l'époque, je suis raide dingue de Kim et de cette nouvelle vie. Grâce à mon carnet d'adresses, je régate sur les côtes australiennes et j'accepte des piges de quelques jours dans tout le Pacifique. Le soir, au soleil couchant, nous allons pique-niquer sur la plage en observant les dauphins. Grâce à ses réseaux, Kim m'a fait entrer au yacht-club du Royal Perth, l'un des cercles les plus huppés de la ville. Sur ses pontons, on croise des avocats, des hommes d'affaires, des banquiers cintrés dans l'uniforme blanc de rigueur. Ça me change de toutes mes années de corsaire plus ou moins dépenaillé. Je prends le pli sagement. Presque fièrement. Peut-être que j'ai besoin d'assouvir aussi ce rêve-là. Sûrement que ça flatte l'enfant qui n'est jamais loin de moi. Celui qui jurait de mener un jour grand train de milliardaire. Très vite, je deviens l'un des piliers de la régate sociale du jeudi soir, sur la Swan River, et je me tiens comme un milord au barbecue qui fume ensuite au milieu des eucalyptus. Je ne balance plus personne à la flotte.

Un jour, pourtant, il me prend l'envie de faire une surprise à Kim. Un truc qui me ressemble un peu, un truc bien français.

— Chérie, j'ai loué un camping-car, ça te dirait qu'on parte camper en pleine campagne ?

— La campagne ? Oui, bien sûr, c'est une idée originale...

— Façon de parler, Kim ! Je sais qu'il y a beaucoup de désert autour de Perth. Mais, bon, j'achète une carte pour étudier l'itinéraire et on part à l'aventure...

Seul au monde

— Une carte ? Oui, bien sûr, c'est une idée originale...
Je vais acheter mon atlas routier de l'Australie occidentale, je retrouve Kim qui sourit déjà, j'étale la carte sur la table de la cuisine et, là, le côté original de ma démarche me saute aux yeux. En fait, il n'y a qu'un seul trait rouge qui part de Perth, une seule et unique route à des centaines, voire des milliers de kilomètres à la ronde... Le reste est blanc comme le bush australien ou bleu comme l'océan. Du blanc, du bleu avec un trait rouge au milieu : c'est ça, la carte ! J'essaye de ne pas me démonter. Je repère l'un des premiers villages, à quatre cents kilomètres de Perth : Cataby.

— Si on part à 9 heures, je t'invite au restaurant à 13 heures...

— Waouh ! génial... C'est chouette quand tu fais le mec qui gère tout !

On y est allés, à Cataby. Sur la longue route rectiligne, j'ai découvert les kangourous. C'était vraiment dépaysant. Le village avec son auberge sous les tilleuls, aussi. Le panneau d'entrée dans Cataby était situé au sommet d'une immense côte et le panneau de sortie juste au début de la descente. Entre les deux, il n'y avait qu'une grande bâtisse qui faisait station-service, épicerie, motel. C'était ça, le village à l'australienne. On a éclaté de rire, tous les deux.

— Alors, tu m'offres le sandwich et les chips...

— Et le café, aussi ! La classe, à la française...

Seul au monde

C'est bien la seule fois où l'on s'est serré la ceinture. Pour le reste, l'aisance financière de Kim me permet de vivre ma passion sans retenue. Car je ne fais pas que des ronds de jambe au cocktail du Royal Perth, j'ai toujours le même appétit de vaincre. Dès que je monte sur un bateau, je redeviens moi-même. Un marlou, un tueur. Au sein du yacht-club, j'ai rassemblé un équipage de six jeunes marins que je forme à ma manière. Au bout de quelques mois, les gamins ont le couteau entre les dents. Ils sont prêts à semer la terreur sur toute la côte ouest durant plusieurs années. Je suis leur chef de gang. Sinon, en 1997, j'ai enrichi mon CV en participant à l'étape australienne de la « Volvo Ocean Race », recruté par un skipper norvégien. Et de trois sur les quatre épreuves mythiques du monde de la voile… Quant à l'année 1998, elle me vaut d'être mêlé à deux événements sans commune mesure qui, chacun à leur manière, vont finir de forger la confiance qui m'habite face à la pire adversité. Au mois d'avril, un ami bordelais, Guillaume, m'annonce que je suis le parrain de sa fille Nangane qui vient de naître. Moi, parrain, je tombe de l'armoire. Et ce n'est rien à côté de ma stupeur quand, deux jours plus tard, le jeune papa m'annonce que sa fille est opérée à cœur ouvert pour une malformation : « Si tu veux la voir, fais vite. » J'ai abandonné la régate que je disputais à Auckland et j'ai sauté dans le premier avion pour la France. Vingt-quatre heures plus tard, j'étais au chevet

Seul au monde

de Nangane ouverte en deux comme un fruit tombé de l'arbre. Je l'ai veillée toute la nuit et j'ai promis à son père de revenir pour son premier anniversaire. Aujourd'hui, ma filleule est une superbe jeune fille de dix-neuf ans. À la fin de cette même année, je prends part à la course Sydney-Hobart. J'ignore que, là aussi, il va me falloir une sacrée foi en mon destin pour narguer la fatalité.

L'épreuve relie le continent australien à la Tasmanie en empruntant le détroit de Bass. C'est l'une des compétitions les plus populaires, là-bas, tous sports confondus. Certaines chaînes de télé transmettent quasi intégralement les mille cent kilomètres de course. Chaque 26 décembre, les propriétaires les plus fortunés du monde de la voile tentent leur chance en recrutant des équipages d'élite sur d'immenses bateaux de trente mètres. En 1998, Larry Ellison, le fondateur d'Oracle, s'aligne au départ sur *Sayonara* qui ressemble à un convoi exceptionnel à côté de la 2 CV sur laquelle j'ai embarqué avec deux professionnels et huit amateurs. Naturellement, on ne brigue pas la victoire au classement général, tout juste celle de notre classe de bateaux, IRC1, les moins de quinze mètres environ. En fait, très vite, on ne brigue plus rien, juste de s'en sortir vivants.

La première nuit, alors que l'on dévale le long des côtes australiennes pour se précipiter dans le détroit de Bass, un orage terrible s'abat sur la course. Les éclairs crépitent tout autour de nous, les rafales dépassent cinquante nœuds, on fonce avant que le vent et le courant se retournent à l'entrée de l'entonnoir, je contrôle le bateau avec un peu de stress, mais je contrôle. C'est le lendemain midi que ça se corse vraiment. Le ciel est noirci de nuages orageux quand j'aperçois à l'horizon une minuscule bande bleue. J'ai déjà eu cette vision en Méditerranée, ça signifie que le mistral va se lever et que ça va décoiffer. Je suis le skipper du bateau mais il y a le propriétaire à bord. C'est lui qui doit valider les choix tactiques les plus cruciaux.

— Kevin, il risque d'y avoir des décisions difficiles à prendre, c'est maintenant que tu dois me dire si tu es prêt ou non à me suivre…

— Je te fais confiance, Sébastien. Je suis amateur et là, déjà, avec ce qu'on se prend depuis hier, je ne sais plus où j'habite…

— OK, c'est parti! Alors toi et les sept autres amateurs, vous rentrez dans la cabine et je ferme le capot derrière vous. À clé. Les trois pros, on reste sur le pont, on s'attache et on voit ce qui se passe…

Les types ont tiré un peu la gueule parce que être enfermé dans la cabine en pleine tempête, c'est vraiment la punition, on est sûr d'être malade. Mais quand le cyclone s'est pointé, ils ont compris pourquoi je les avais dégagés. Cent cinquante kilomètres/heure de vent, des vagues que les hélicoptères de sauvetage mesureront grâce à leurs filins à plus de trente mètres de haut… On perd tout notre système de communication, les antennes arrachées, plus de liaison avec qui que ce soit. On ignore le drame qui se joue autour de nous, on est tous les trois à l'arrière, harnachés, arc-boutés sur la grosse barre à roue. On a tout abattu sauf le tourmentin mais la puissance des bourrasques est tellement démentielle qu'on file à la vitesse d'un trois-mâts. À chaque vague, je me dis : « Celle-là, elle va nous broyer, elle va nous tuer… » Mais, non, ça passe. Par miracle. Pendant huit heures. À un moment, un amateur a tapé à la porte de la cabine pour sortir pisser. Il a tenu dix secondes en équilibre avant de faire un looping et d'atterrir sur un winch. Poumon perforé. Je l'ai sanglé sur une couchette et je lui ai fait une piqûre de morphine. « Maintenant, tu arrêtes de nous emmerder parce que j'ai du boulot dehors… »

Ensuite, ça s'est calmé doucement. Quand on s'approche du port de Hobart, le lendemain, je n'aperçois que deux bateaux au mouillage. Deux sur cent quinze au départ… On est troisièmes au classement général face à des mastodontes qui faisaient deux fois notre taille et, naturellement, on l'emporte dans notre catégorie. Mais, bon, on est surtout vivants, alors que tout le monde nous croit disparus vu qu'on n'a pas pu donner de nouvelles pendant quarante-huit heures.

Seul au monde

Et on ne sait rien de la tragédie. C'est alors que le commodore de Hobart, silhouette blanche et solennelle, vient à notre rencontre à bord de sa vedette. Son visage est aussi pâle que sa chemise : « Messieurs, bravo pour votre courage. Des journalistes du monde entier vous attendent sur le quai, mais je vous prierai de bien vouloir garder le silence. Aujourd'hui, le pays est en deuil… » Six marins sont décédés durant cette course. Certaines femmes de mes équipiers avaient sauté dans le premier avion pour rallier Hobart. Elles ont fondu en larmes en nous voyant arriver. Elles pensaient ne jamais revoir leurs maris. Pendant ce temps-là, Kim s'était rongé les sangs durant tout le week-end devant la télé qui multipliait les éditions spéciales. Mille fois, elle avait fait le numéro d'urgence. En vain. Je ne sais pas si ça a un lien de cause à effet mais c'est à peu près à ce moment-là que nous avons décidé de nous marier.

La cérémonie civile a eu lieu dans les jardins luxuriants de l'université de Perth. Les parents de Kim étaient venus spécialement d'Angleterre, et la mariée est arrivée en limousine. Aucun membre de ma famille n'était là. Ils étaient bien présents, en revanche, dans la petite église du Castelet, à l'été 1999, pour le mariage religieux. Aux premiers rangs, il ne manquait que mon père. Ça faisait une éternité que je ne l'avais plus vu. Je savais seulement qu'il vivait toujours seul dans son petit

Seul au monde

appartement de Toulon et qu'il souffrait depuis peu d'une dégénérescence oculaire qui affectait gravement sa vision. Mais je ne pouvais céder à la mélancolie, un jour pareil. D'ailleurs, l'absence de mon père s'était vite effacée derrière l'apparition de Florian, Romain et Tiphanie en garçons et demoiselle d'honneur de la mariée... Je ne sais pas comment Mamita s'y était prise pour convaincre leur mère, mais ils étaient là, encore enfants, des brassées de fleurs multicolores dans leurs bras maigres. J'ignorais que c'était la dernière fois que je les voyais tous les trois ensemble et qu'il ne nous resterait que les épines.

La messe s'est déroulée selon un rite immuable. Comment aurait-il pu en être autrement puisque c'est Kim qui avait planifié l'enchaînement des morceaux classiques que mes nièces jouaient à l'orgue et au violoncelle... Sauf qu'à un moment, une mélodie s'est envolée sous les voûtes et que je l'ai reconnue à la première note. Kim a eu l'air aussi décontenancée que si j'avais répondu « non » à la question du curé. Elle s'est tournée vers moi, murmurant son incompréhension entre ses dents éclatantes.

— *What is this?*
— *Nothing*, chérie. Juste une vieille chanson familiale : *The Little Dove*...

J'ai commencé à fredonner *La Petite Colombe*, la partition que papa avait composée pour mon poème quand j'étais chez Mme Caplain. Pour l'occasion, il avait modifié l'orchestration en plus solennel. C'était bien la première fois qu'il n'était pas là pour écouter jouer sa musique. J'ai balayé l'assistance du regard tout en continuant à chantonner. Et j'ai fini par l'apercevoir, au dernier rang de l'église, à moitié caché par un pilier. Je ne pouvais distinguer que ses cheveux blanchis et un demi-sourire qui barrait ses joues creusées. Mais c'était bien lui. C'était bien le sourire discret qui adoucissait tant son visage lorsqu'il vivait au milieu de ses notes.

De retour en Australie, Kim a décidé qu'il était temps de déménager dans une maison un peu plus fastueuse, dans un quartier encore plus bourgeois. On s'installe dans une villa de deux cent cinquante mètres carrés avec piscine, Jacuzzi, au cœur d'Apple Cross, le quartier des célébrités. Notre voisin est l'acteur Heath Ledger, qui jouera l'un des deux cow-boys de *Brokeback Mountain*. À bord de mon 4 x 4 intérieur cuir, je me rends souvent à l'aéroport de Perth d'où je m'envole pour sillonner le circuit mondial de « match racing ». Pour la seule année 2000, je fais douze allers-retours en Europe et six aux États-Unis. Je pressens que je jette mes ultimes feux de régatier de haut niveau et je m'enivre d'adrénaline. Sportivement, je suis un peu comme ces personnes qui savent que la fin approche et qui s'offrent, une dernière fois, la tournée des grands ducs.

Seul au monde

De fait, une page se tourne à l'approche de mes quarante ans. Les deux projets de Coupe de l'America auxquels je vais bientôt participer finiront, plus ou moins, en eau de boudin. J'accepte un poste de moniteur dans un yacht-club local et j'entame une formation universitaire par correspondance pour devenir journaliste. Je décroche mon diplôme en 2003 et, dans la foulée, mes premières piges dans des magazines de voile. Jade et Marshal naissent le 25 novembre de cette même année. Kim est soulagée de me voir troquer mes habits de saltimbanque des mers pour l'uniforme gris de monsieur Tout-le-monde. Moi, un peu moins. Je mène une vie plan-plan. Je pèse cent douze kilos.

Au fond, la seule chose un peu imprévisible qui m'arrive, durant ces années-là, c'est qu'à la veille de sa mort j'ai fini par me rapprocher de mon père.

14.

Je ne comprends même pas comment, l'espace de quelques heures, j'ai pu songer à lever le pouce, à dire « ça suffit ». Certes, je me tiens toujours un peu de guingois. Quand la fatigue me gagne, en fin de journée, j'ai l'impression que mes côtes m'enserrent comme un étau. Mais lorsque je vois filer mon bateau à plus de vingt nœuds vers le cap Leeuwin et que je repense au coup de fil de Jean-Gui me disant la fierté de la famille, je me sens comme un jeune homme.

Ce matin, pour empanner proprement, il a fallu que je borde la grand-voile, que je relâche la bosse, que je pousse la bôme à coups de pied, sans compter deux, trois autres bricoles un peu physiques, et si je ne m'étais pas pris un grain monumental sur la figure, je me serais presque félicité de naviguer sur mon voilier si incommode. Il ne l'est pas tant que ça, au fond. Bien sûr, il me faut crapahuter sur le pont quand les autres dirigent la manœuvre assis dans leur cockpit. Mais je n'ai pas l'impression de devoir moudre la production annuelle de café colombien chaque fois que j'enroule un winch. Mon mât est moins haut que celui de mes rivaux, mes voiles ont été retaillées pour la circonstance et je pense même que la tension sur les écoutes est plus faible que sur des bijoux de technologie comme les bolides de Le Cléac'h et Thomson. Et puis, je l'aime, mon vieux rafiot!

Ce 27 décembre, la nuit est déjà tombée quand je décide, pour la première fois depuis bien longtemps, de jeter un œil sur le classement. J'étudie d'abord ma position: 40° 16' sud, 116° 16' est. Perth et la pointe sud de l'Australie sont presque à portée de voile, j'aurais pu faire une bise au loin à Jade et Marshal… Dans moins de deux jours, j'en aurai fini avec l'Indien. Soudain, un détail me saute aux yeux. Je suis obligé de faire défiler le classement à plusieurs reprises pour m'en convaincre, mais il n'y a pas d'erreur, c'est bien ça: j'ai doublé un concurrent! J'ai doublé un adversaire pour la première et, sans doute, la dernière fois du Vendée Globe! Je revérifie quinze fois mais il n'y a aucun doute. Pieter Heerema, sur *No Way Back*, est au 38° 30' sud, 117° 33' est, donc je suis devant lui, je l'ai dépassé à la régulière. Il a dû souffrir comme moi dans l'Indien, je ne sais pas ce qu'il a foutu, mais il ne fait pas route vers la terre.

Seul au monde

Le Hollandais, c'est sûr, est toujours en course. Qu'importe si ça se joue à un nez : au classement de 22 heures, en ce 27 décembre historique, je suis dix-huitième du Vendée Globe. Et il y a un dix-neuvième... Bon, certes, je lui avais mis une rouste dans la transat de qualification mais, depuis, de l'eau a coulé sur nos ponts ! Avec mon moteur tuberculeux, mon quasi-chavirage, le crochet au foie de mon évier, la performance prend une tout autre saveur. J'ai envie de lever les bras au ciel mais j'ai peur que ça me fasse trop mal. Et si j'ouvrais la caisse de Noël pour fêter ça ?

J'ai attaqué le nougat de Mamita qui, comme prévu, constituait le point d'orgue de mon stock de friandises empapillotées dans du papier doré et ces quelques bouchées d'enfance m'ont incité à consulter les messages de mon fan-club de CM2 que j'avais un peu délaissé depuis ma blessure. « Ce n'est pas grave que tu es dernier, Sébastien, car la maîtresse a dit que l'essentiel c'est de participer ! » Non, Melvin, tu diras à ta maîtresse que je ne suis pas dernier... Et puis si, au fond, dernier, avant-dernier, qu'est-ce que ça change ? À quoi bon ? Il a raison, au fond, Melvin : tout à l'heure, en étudiant ma position, j'ai vu qu'il me restait un peu plus de treize mille milles à parcourir. J'ai à peine fait la moitié de mon tour du monde et *technoFirst-faceOcean* a beaucoup souffert. Beaucoup plus que moi. En quittant Les Sables-d'Olonne, je m'étais juré d'aller jusqu'au bout. D'amener mon bateau le plus loin possible, de participer, oui, mais de toutes mes forces. Je soigne mes côtes au Doliprane. Mais lui ? Comment va son vieux squelette rapiécé à quelques semaines du départ ?

Les jours qui suivent, cette histoire me taraude. Même quand je passe au large du cap Leeuwin, je n'arrive pas à avoir une pensée émue pour cette frontière imaginaire qui libère enfin des sortilèges de l'Indien. C'est pourtant un moment important de ma course. Il ne me reste plus qu'un grand cap à franchir. Le plus grand d'entre tous. Le cap Horn. Mais je sais, déjà, que je ne défierai pas Sa Majesté dans mes habits de gueux.

En fait je ne cesse de réfléchir à la solution la plus appropriée pour vérifier l'état d'usure de mon bateau. Et notamment de son mât qui a quand même piqué une tête ou deux dans l'océan maléfique. Dans la précipitation des ultimes préparatifs, on a tout changé sur ce mât. Le système de fixation, les haubans, les câbles, les loops surtout, ces terminaisons en carbone que l'on a remplacées par du cordage. C'est ça qui avait pété, lors du test de jauge, les pièces en carbone. Donc, on s'est dit qu'on allait inventer un système de fixation plus souple. Le problème des cordages, c'est que ça s'use. Si je dois monter en haut du mât pour en remplacer un, il faut que le bateau soit hors charge. Donc à l'arrêt. Voilà le dilemme.

Je m'arrête ou je ne m'arrête pas ? Et si je mets au mouillage, est-ce que je le fais en Australie, au risque d'un détour, ou j'attends la Nouvelle-Zélande dans une dizaine de jours ? Durant quarante-huit heures, le débat est animé entre Jean-Gui et moi.

— Putain, Séba ! Déjà ça commence à médire sur le fait que tu te traînes à l'arrière de la course... En termes d'image, si tu t'arrêtes, ça fait vraiment touriste.

— Tu veux quoi ? Que je la joue héroïque, en changeant une loop en pleine mer, le cul à vingt-cinq mètres de haut, au risque que tout se barre ? Je m'en fous de ce que les gens pensent ! Je m'en fous des problèmes de terriens !

— Ouais, enfin, tu n'es même pas sûr que quelque chose ait cassé...

— Bah ! justement, j'aimerais bien être sûr.

Même Hugues s'y met alors que je sais qu'à cette époque-là il est en vacances avec sa famille du côté de Philadelphie.

— Jean-Gui m'a dit que c'était chaud au sujet de l'éventuelle révision... Je vous laisse régler ça entre vous mais je voulais juste te signaler que si tu t'arrêtes en Nouvelle-Zélande, c'est un pistolet à un coup, tu ne pourras plus jamais le faire ensuite dans le Pacifique.

— C'est noté, frangin. Je crois que je vais faire ça en Tasmanie.

On s'est encore chamaillés deux, trois fois avec Jean-Gui mais il connaît la compétition et il me connaît. Il sait que j'ai les nerfs un peu à vif. C'est vite retombé.

— C'est toi qui décides, Séba.
— Encore heureux, oui.

J'ai choisi de mouiller dans la baie de l'Espérance. Je pense y passer un ou deux jours. J'ai coché une liste de petits travaux d'entretien à effectuer en plus du système de fixations. Comme ça, quand je repartirai, je n'aurai qu'à foncer vers la ligne d'arrivée avec un bateau presque neuf. Pour accéder à la baie de l'Espérance qui forme une sorte de fer à cheval très fermé au bout du canal d'Entrecasteaux, il va me falloir naviguer serré. La difficulté majeure lorsqu'on est seul à bord d'un bateau comme le mien, ce n'est pas de prendre trente nœuds au milieu de nulle part, c'est de frôler la côte. Là, je sais qu'il y aura du danger partout, de la côte à droite, à gauche, peu de fond, des cailloux, des récifs, peut-être des bateaux de pêche et des filets… Il faut aussi que je pense à prévenir les autorités, les douanes surtout. J'ai la double nationalité franco-australienne mais il faut les avertir avant que l'idée les prenne de faire une visite sur ce bateau qui n'a rien à faire là. Tant que je ne pose pas le pied à terre, je suis dans les clous du règlement, mais je n'ai pas le droit d'avoir quelqu'un à bord, même un douanier. Donc, il faut leur faire passer le message : « Le bateau qui est devant chez vous, là, vous êtes bien gentils, mais vous n'allez pas le vérifier. Vous le laissez tranquille... » Je crois que je vais demander à la direction de course de s'en charger, ça sera plus diplomatique.

Il y a un dernier petit problème. Je n'ai pas de carte de la Tasmanie. Et pourquoi j'aurais eu une carte de la Tasmanie ? Je n'avais pas prévu de m'y arrêter. *A priori*, ce n'est pas dramatique. Pour peaufiner mon approche, slalomer entre les obstacles que je m'apprête à contourner de nuit, j'ai à ma disposition des centaines de cartes de détail qui sont préchargées sur mon ordinateur. Elles sont verrouillées avec un code et si j'ai besoin d'accéder à l'une en particulier, le fournisseur doit me la débloquer, moyennant paiement. C'est la solution la plus économique qu'on ait trouvée. D'autres ont libre accès à leur bibliothèque, pas moi. Sauf que je découvre que le code d'accès ne marche pas... J'ai téléphoné au fournisseur qui m'a refilé une série de chiffres et de lettres à rallonge, des minuscules, des capitales, quasiment une centaine de signes, le truc plus inviolable que le code nucléaire. J'ai dû le taper vingt fois sur mon clavier, bien énervé, que dalle ! Pour moi, il fait encore jour, mais quand j'appelle la boîte française qui m'a fourni le système pour les incendier, personne ne me répond. Là-bas, c'est la nuit. OK, merci les gars ! Je vous dois combien ? Je vous fais une « ppp », Papa passera payer ? Bilan de la « solution » économique : je suis bon pour m'avancer en terrain miné avec mon char d'assaut que je vais téléguider à l'œil nu et au doigt mouillé par une nuit sans lune…

Il est une heure du matin, ce 3 janvier 2017. Je suis à moins de dix milles de l'entrée du canal, il n'y a pas un scintillement sur l'eau pour m'éclairer, pas de lune, pas de phare, aucune lumière de la ville pour me rassurer ou me guider. J'ai juste une carte basse définition des côtes australiennes sur mon écran, une carte de tourisme où pas un récif n'est indiqué, une carte que l'on charge pour se dire : « Ah ! oui, la Tasmanie, c'est là… » Je progresse à tâtons. J'ai l'impression de distinguer une forme noire à fleur d'eau, je décide de la contourner par la droite, j'ai bien fait, c'était un récif, et sur sa gauche, il y en avait un plus discret, mais ça, je l'apprendrai plus tard. Avec ma carte pourrie, j'essaye de viser le milieu du canal, et pourtant est-ce que je suis réellement au milieu ? Je trouve que je suis très à droite, il y a une sorte de monticule, là-bas, devant moi, comme un très gros caillou, mais ce n'est pas un caillou, c'est une île, l'île Bruny. Elle est proche, trop proche ; en même temps, de nuit je n'arrive pas à estimer les distances, même avec les phares, c'est l'enfer. Je tente de deviner la profondeur des fonds grâce à la courbure des vagues. Il n'y a presque pas de vagues. Quoi encore ? Rien. Je n'y arrive pas. Je n'attends plus que le moment où un craquement sinistre va déchirer l'obscurité. Tant pis, c'est décidé : je rebrousse chemin... Je patienterai jusqu'à ce que le jour se lève pour effectuer la manœuvre. Et maintenant, je pleure. Mais pas les larmes qui me font du bien. Je pleure de rage et d'humiliation. Faire un détour, ce n'est peut-être pas très glorieux, comme disent les autres. Mais un demi-tour, dans un détour, c'est encore pire. J'ai presque plus mal dans ma chair que quand je me suis brisé les côtes. Je sanglote et j'insulte la terre entière. Moi d'abord. « Pauvre naze ! Tu veux faire le tour du monde et tu n'es même pas capable de rentrer ton bateau dans une baie ! »

À l'aube, ça va beaucoup mieux. Je passe au large des récifs, je remonte le canal, j'attrape une bouée à un peu plus de cent mètres d'une crique verdoyante et j'affale les voiles. De l'autre côté de la baie, il y a une plage avec des restaurants et un petit yacht-club. Déjà, les gens affluent vers mon bateau pour essayer de comprendre qui est le Martien qui a amerri là. On fera les présentations plus tard. Je suis tellement crevé par ma nuit de stress – déjà la veille, je n'avais quasiment pas fermé l'œil – que je vais me recoucher direct. J'émerge en fin d'après-midi. Je me tape la cloche. Et je retourne me pieuter sitôt ma crème au chocolat avalée. Seize heures de sommeil dans la journée! Faut croire que j'avais du retard. Le lendemain, enfin, je grimpe au mât, frais comme une rose sous les premiers rayons du soleil. C'est quand même pour ça que je suis là.

Toute la journée, je passe le mât au peigne fin, presque centimètre par centimètre. Je vérifie les points d'usure, rien n'a cassé mais dès qu'il y a un frottement ou un risque de frottement d'une loop sur un bout, sur un câble, sur une pièce, je renforce la fixation en la protégeant avec une pelote de cordage. Sinon, une barre de flèche du mât est abîmée. Le carbone est entaillé sur le bord, peut-être que ça peut tenir, peut-être pas… Je ne me pose même pas la question. Je pourrais même m'occuper de la barre de flèche jumelle, au cas où. Il faudra que je rassemble le matériel pour préparer de la résine, meuler, poncer, nettoyer… Il y en a pour une journée de travail. Ça veut dire vingt-quatre heures de plus au mouillage. Au point où j'en suis, ce serait bête de pécher par précipitation.

À côté de ça, il y a encore plein de petites tâches que j'effectue durant cette escale qui n'en est pas une puisque je ne pose pas le pied à terre. Je répare mes hydro-générateurs, je nettoie et je graisse toutes les pièces mécaniques qui me tombent sous la main.

Nickel. Ce n'est pas une escale mais quand même un aperçu assez cocasse de la vie de terrien, surtout après mes deux mois de solitude. Le jour de mon arrivée, un journaliste a fait une pleine page sur l'événement dans *The Herald*, le journal de Hobart. Et très vite, des petits bateaux de plaisance sont venus me rendre visite avec toute la famille à bord.

— Ah! c'est vous le solo *sailor*!

— Bah! oui, c'est moi...

— Vous voulez une bière?

— Non merci. Vous n'avez pas le droit de m'en donner...

— Ah! bon... Une cigarette, alors?

— Non plus, merci...

Des moments vraiment sympas, avec des gens respectueux qui passent, qui repassent, des enfants qui écarquillent les yeux comme au cirque... Mais je me doute aussi qu'à partir d'une certaine heure ça va être beaucoup moins facile à vivre pour moi. Je connais l'Australie et je sais ce que font les Aussies quand ils quittent leur boulot. Ils vont sur la plage et ils allument les grands barbecues publics pour l'apéro. Toutes les familles viennent là pour faire griller un bout de viande, un morceau de poisson. C'est la tradition. À Perth comme au fin fond de la Tasmanie. Donc, j'ai droit à des grandes tablées rigolardes et à des côtes de bœuf fumant presque sous mes narines durant toute la soirée. La plage est à cent mètres, je sais ce qu'ils mangent, ce qu'ils boivent, j'entends leurs discussions. Et moi, j'ai la tête dans mon pot de résine. Et j'ai envie de l'enfouir dedans pour résister à la tentation…

J'ai vécu pendant quatre jours à la portée de ces effluves d'humanité. Parce que aux quarante-huit heures de révision inscrites sur ma feuille de route se sont ajoutées presque deux journées où j'ai accumulé les tentatives infructueuses pour descendre le canal, faute d'un vent suffisant et surtout bien orienté.

Le 7 janvier, enfin, j'ai réussi à prendre le large et j'ai pris le cap de la Nouvelle-Zélande à fond les ballons avec un bateau presque neuf. Histoire de me remettre les idées en place, j'ai chargé le classement de 10 heures et j'ai constaté que Pieter Heerema m'avait collé presque deux mille bornes dans la vue. Je me suis dit que ça n'allait pas être simple de redoubler quelqu'un d'ici aux Sables-d'Olonne. Mais que j'avais un peu plus de chances, maintenant, de rentrer au port sain et sauf.

Peut-être que j'aurais pu m'épargner cette pause en Tasmanie pour passer mon mât à la loupe. Je n'ai pas décelé d'avarie majeure et une ascension en pleine mer aurait pu suffire à me rassurer. Pourtant, si je devais le refaire, je le referais demain. Quand on est seul à bord pour faire le tour du monde, il n'y a pas de : « Ah ! si

Seul au monde

j'avais su... » Ça, c'est bon pour les commentateurs qui fument la pipe dans leur fauteuil. Moi, je n'ai qu'un truc à penser quand je hisse toutes voiles dehors pour essayer de rattraper mon ombre : « Oui, mais tu ne savais pas, donc ne te pose pas la question ! »

Je suis plein sud-est en direction de l'île Stewart, tout en bas de la Nouvelle-Zélande. À partir de maintenant, j'ai envie que la course soit aussi un plaisir. Pas que ça, évidemment, il faut encore franchir le cap Horn, il peut m'arriver mille trucs désagréables d'ici à l'arrivée. Mais en jetant mes derniers oripeaux de compétiteur par-dessus bord, je profiterai mieux du spectacle de mon bateau étincelant de soleil, tirant un long bord sous gennaker, la grand-voile complètement haute, en direction des cinquantièmes hurlants. Je veux imprimer cette image dans mon cerveau. Ce n'est pas rien les cinquantièmes hurlants. Habituellement, on lit ça dans les livres. Ça classe le marin : c'est le « modèle homme », quoi ! Durant ces trois ou quatre jours de rêve, où les conditions de mer sont stables sous un soleil caressant, *technoFirst-faceOcean* donne toute sa mesure. On dirait que lui aussi en a marre de se faire chambrer comme un vulgaire dériveur. Il n'est pas trop chargé mais très toilé, il plonge vers la zone des glaces à plus de vingt nœuds. Je regarde le compteur défiler 48° sud, 49°, 50°, 51°, 52°... Il y a soixante milles de distance entre deux degrés. Chaque fois, c'est un pas de plus vers les abysses du monde.

Je reçois un bulletin d'alerte météo qui ne m'inquiète pas plus que ça. Je consulte ma carte météo : une dépression quasi lambda se trouve sur ma route avec des vents à quarante nœuds. Je me dis que la direction de course redouble de prudence à mon égard. Je suis loin derrière tout le monde, s'il faut venir me chercher, ça va être tout un binz… Sûrement qu'ils veulent m'épargner le moindre risque.

En fait, je n'ai pas suffisamment téléchargé ma carte météo. Dans le sillage de la première dépression s'en cache une autre, monumentale celle-là. Mais je ne l'ai pas vue, donc, ce soir-là, je vais me coucher tranquille. Je suis même à la limite de pester contre les gars du PC course qui me prennent pour un blaireau. Sauf que quand j'ouvre un œil, le lendemain, le monstre apparaît enfin sur mon écran. Et il prend toute la place, mille cinq cents kilomètres de large, quasiment le tiers de l'océan. En fin de journée, je serai juste au mauvais endroit, au mauvais moment, dans l'œil de « *the big mama* »… Cap au nord, direct, sans réfléchir. J'affale le gennaker, je le range, je mets le J3, je prends deux ris et je fonce avec un angle très serré, hyper-rapide. La première dépression est passée sur moi sans que je m'en rende compte. Je suis trop occupé à pousser mon bateau au maximum.

Ce jour-là, je vais monter à vingt-cinq nœuds de moyenne, mon record, sans discussion. C'est bien connu : la frousse, ça donne des ailes... À certains moments, j'ai l'impression de piloter un sous-marin, le bateau est littéralement sous l'eau : il va tellement vite qu'il rattrape les vagues qui sont devant lui, la mer lui passe dessus. Je fais racler les rétroviseurs, je suis « sur les portières », comme on dit dans le milieu. La nuit suivante, je prends une bonne douche, je me sèche avec des rafales à cinquante nœuds, mais j'échappe au chaos qui m'était promis à deux cents kilomètres de là.

Les deux jours qui suivent, le temps change du tout au tout. Je me suis réveillé, le brouillard était là et il ne me quitte plus, comme si un vaporisateur géant surplombait le bateau pour cracher son halo de coton. La mer est devenue plate, il n'y a presque plus de vent. J'approche au ralenti du point Nemo qui est le lieu imaginaire le plus éloigné de toute terre émergée. Une simple position géographique, mais tellement lourde de sens pour le marin et l'homme que je suis. La terre la plus proche est un caillou de l'archipel de Pitcairn, à près de deux mille sept cents kilomètres de distance. Fallait-il que je navigue jusqu'ici pour prendre conscience de ma condition ? Le vide est tout autour de moi. J'ai divorcé deux fois, je suis père à mi-temps avec mes deux plus jeunes enfants, je ne vois plus les grands depuis si longtemps. Même avec Hugues, j'ai eu une longue période de froid. Et avec Xavier, n'en parlons pas. D'où me vient cette raideur ? L'ai-je héritée de mon père, moi qui voulais tant me démarquer de lui ?

C'est le silence de mes trois grands qui me fait le plus souffrir. Romain est le seul à qui j'aie parlé au téléphone et que j'aie croisé à quelques reprises depuis mon mariage avec Kim, il y a bientôt dix-huit ans. Quand ils étaient adolescents, j'ai appris qu'ils traversaient une mauvaise passe, qu'ils faisaient les rebelles à leur tour, à l'école, dans la rue, pas seulement les garçons, Tiphanie aussi. Je connais bien ça, les conneries qu'on collectionne à cet âge.

En 2007, je suis venu m'installer provisoirement en France, avec Kim et les enfants, pour me rapprocher d'eux. C'était une décision importante. Tout comme celle, un peu folle, qui a consisté, alors, à investir mes économies dans l'achat d'un bateau de vingt-quatre pieds, *Le Maillon*, mouillé dans le port de Toulon. Je l'ai fait pour mes enfants, en me souvenant de mon propre père et de *Wohin*. Ça m'avait permis de lui pardonner tellement de choses. Je n'ai pas choisi le nom du bateau au hasard. *Le Maillon*, c'était le titre que notre grand-père le Commandant, alors en poste à Saigon, avait donné à son journal trimestriel de quatre pages exclusivement dédié aux nouvelles de la famille Destremau. Il envoyait la centaine de spécimens par courrier aux intéressés. Vingt ans plus tard, mon père avait pris le relais, relatant la moindre naissance d'un arrière-petit-neveu sur sa machine à écrire. À la fin des années 1990, cette tradition avait fini par tomber en désuétude, le tirage atteignant péniblement quinze exemplaires. N'empêche, en achetant ce bateau et en le nommant ainsi, je me suis dit que c'était une façon symbolique de rétablir le lien avec ma descendance. Mais, hormis Romain, je n'ai jamais vu Florian et Tiphanie dessus. Ils m'ont accablé de leur dédain, de leur rancune. Peut-être que je ne méritais pas mieux. Peut-être que je suis incapable d'aimer quelqu'un d'autre que moi-même. Peut-être que ma générosité, ma joie de vivre, ma liberté sont des leurres. *Le Maillon* est resté orphelin et j'ai compris que j'avais perdu définitivement la partie. Un soir, je suis rentré à la maison, et Kim, Jade et Marshal avaient disparu, eux aussi. Ma décision d'acheter un bateau avait fini de déliter mes relations avec Kim. Elle était repartie en Australie avec les jumeaux. Sans moi. Définitivement.

Demain, je vais passer à une centaine de kilomètres du point Nemo. On sera le 18 janvier. C'est l'anniversaire de Tiphanie. Ça fait combien de temps que je ne lui ai pas souhaité son anniversaire ? Ça fait combien de temps que je campe dans ma tour d'ivoire ? Je n'ai pas attendu d'être sur mon bateau pour me couper de tous ces gens que j'aime. Je regarde au loin l'immensité qui s'étale à perte de vue. Ça fait combien de temps que je suis seul au monde ?

J'écris sur mon iPad. J'écris et j'efface. J'ai commencé hier soir, je recommence ce matin. Je veux peser chaque mot avec mon cœur. Je sais très bien qu'elle ne lira pas mon message. Ou alors elle y jettera un œil parce qu'elle sait que je fais le Vendée Globe. Mais elle n'y répondra pas. Elle ne répond jamais. Jamais à moi. Et pourtant, j'ai besoin de lui dire ces quelques phrases que j'emprisonne depuis trop longtemps par pudeur, par fierté, par bêtise… Nous sommes tous de grands enfants blessés. Après tout, cette carapace d'orgueil, je l'ai d'abord forgée pour me protéger des baffes de mon père. Qu'est-ce que je risque, désormais, à tomber l'armure ?

Bonjour Tiphanie. Il y a vingt-six ans, j'ai vu naître cette crevette. J'étais au bloc opératoire avec ta mère. Pour Florian et Romain, je n'étais pas venu assister à la naissance. Mais toi, je ne sais pas pourquoi : j'y étais… C'était il y a vingt-six ans…

Je t'envoie ce petit message depuis le fin fond du Pacifique, tout près du point Nemo, le point le plus éloigné de toute terre. Tu sais peut-être que je participe au Vendée Globe. Parti début novembre, je ne serai pas de retour avant fin février, alors que les premiers arrivent demain!

Tiphanie... Je regrette si fort que tu aies tant souffert de mon absence quand tu étais jeune enfant ou adolescente et je suis sûr que ta mère, malgré nos mauvaises relations, l'a regretté aussi. C'est notre faute, c'est ma faute et il n'y a que toi qui peux me le pardonner. Je ne peux pas changer cela mais tu n'as pas idée de combien toi aussi tu m'as manqué au cours de toutes ces années...

Aujourd'hui, je suis content que tu aies gardé des contacts avec Mamita et même, de temps à autre, avec Jade et Marshal. Tu connais notre attachement à la famille!

Mais, Tiphanie, n'attend pas que je sois mort pour retrouver ton papa qui t'a toujours tellement aimée... Tellement que tu n'en as aucune idée... Je t'embrasse et je te souhaite un bon anniversaire ma grande fille de vingt-six ans.

J'ai envoyé le message et, tout de suite, j'ai bondi sur le pont pour m'activer. J'ai nettoyé le cockpit comme si un acheteur allait se parachuter au milieu du Pacifique pour m'acheter mon bateau, j'ai pris un ris alors que j'étais englué dans la pétole. J'étais prêt à faire n'importe quoi plutôt que de guetter vainement la réponse de ma fille devant mon écran noir. J'étais en train de me demander si je n'allais pas faire une séance de gym sur le pont arrière quand j'ai entendu le petit bruit du SMS qui avait parcouru quinze mille kilomètres pour me laisser entrevoir un rai de lumière dans mon pauvre cloître.

C'est fou que ce soit quand on est le plus seul depuis très longtemps, quand on est en survie qu'on se souvienne des choses vraies et les plus importantes dans notre vie… Bref, merci et bon courage pour le reste de la route… À bientôt, peut-être.

C'était bien elle. C'était bien ma Tiphanie. Même si nous n'avions plus échangé la moindre parole depuis des années, j'avais l'impression d'entendre sa petite voix fragile et réservée. Elle avait raison. Elle avait tellement raison. Les choses vraies et importantes… Et elle avait écrit : « À bientôt, peut-être. » Elle avait ouvert sa porte et l'avait laissée entrebâillée. Cette après-midi-là, j'ai mis longtemps avant de décoller mes yeux de son message. Jusqu'à la nuit, ça a tourné dans ma tête comme un air entêtant et joyeux. « À bientôt, peut être… À bientôt, peut-être… » Je suis sûr que papa aurait trouvé une super-orchestration pour exprimer tout mon bonheur.

15.

Et s'il n'y avait que le temps qui passe pour atténuer les cicatrices de l'enfance ? À l'automne 2002, je séjourne à Lorient dans le cadre de la préparation du défi Areva pour la Coupe de l'America. L'aventure se finira en naufrage dans les eaux d'Auckland mais là n'est pas l'essentiel, plus maintenant. En ce qui me concerne, la grande époque est révolue. Mais ma vie de fils est à un tournant. Mon père s'éteint doucement. Il a quitté son deux pièces toulonnais pour une petite maison en Bretagne, tout près de Plancoët, là où se dresse l'imposante villa de granit de son père, le Commandant. Quelques années plus tôt, il a perdu la vue lorsqu'un cercle noir s'est immiscé au centre de ses rétines. Au téléphone, Hugues m'a dit qu'il n'était pas totalement aveugle mais qu'il n'avait plus aucune vision périphérique. Je l'ai imaginé, seul, dans sa baraque battue par les vents, s'avançant à tâtons vers l'inéluctable fin. J'ai oublié le père et j'ai eu pitié du vieil homme.

Sur la route qui m'amène, ce soir-là, de Lorient, j'ai pris soin de l'appeler pour lui signaler que j'arriverais peu avant minuit.

— En revanche, papa, j'ai pris toute ma journée de dimanche pour la passer avec vous.

— Très bien, Sébastien. Je serai sans doute couché mais je laisse la porte ouverte.

Il laisse toujours sa porte ouverte. Pourtant, il vit en ermite et ce ne sont pas les visiteurs qui doivent se bousculer. Quand j'arrive, la maison n'est que silence, il y a juste une loupiote allumée dans la cuisine. Je grimpe dans une chambre à l'étage et je m'endors sans tarder. Je me souviens qu'avec mon père les nuits sont courtes, on ne traîne pas au lit, la journée commence dès l'aube. Le lendemain matin, sur les coups de 8 heures, je m'étonne qu'il ne soit pas encore levé. Je prépare un café, je sors fumer une cigarette dans son jardinet. Quand je reviens, j'entends comme une plainte qui s'échappe sous la porte du salon qui était restée fermée : « Sébastien, Sébastien... » En entrant dans la pièce, je l'aperçois grimaçant de douleur au pied d'un vieux lit de camp installé sous son piano. Il a trois chambres à l'étage mais il préfère dormir sur son matelas défoncé au milieu de ses instruments et des partitions qu'il ne peut plus lire...

— Que se passe-t-il papa ?

— Je crois que je me suis cassé le col du fémur...

— En vous levant, ce matin ?

— Non, en me couchant, hier soir. D'ailleurs je t'ai entendu quand tu es arrivé.

— Mais pourquoi vous ne m'avez pas appelé ?

— Et qu'est-ce que tu aurais pu y faire ? Il était presque minuit. Et puis la douleur était supportable...

— Qu'est-ce que j'aurais pu y faire ! Mais ce que je vais faire maintenant, appeler les pompiers, le Samu, un docteur !

— Certainement pas ! On est dimanche, tu ne vas pas les déranger...

Je me suis fait engueuler comme jadis quand j'ai appelé une ambulance. « Sébastien, je t'interdis de décrocher ce téléphone ! » Mais ses injonctions qui me glaçaient tant m'ont ému plus qu'autre chose. Il en a été quitte pour une hospitalisation et un séjour en maison de repos. Avant de rentrer en Australie, j'en ai profité pour remettre un peu de lustre dans son quotidien de vieil homme épuisé de solitude. J'ai embauché une femme de ménage, j'ai organisé un service de livraison de repas à domicile, j'ai loué un lit médical. J'ai fait tout ce qu'il aurait détesté que je fasse, de peur de susciter un zeste de compassion. J'ai fini mon œuvre en balançant son lit de camp défoncé à la décharge.

Deux ans plus tard, un matin du printemps 2004, je m'apprêtais à aller donner mon cours de voile dans mon club de Perth quand le téléphone a sonné. C'était Hugues : « Papa est mort. » Il avait chuté un soir dans son salon et s'était fracassé le crâne sur le sol en carrelage. C'est la femme de ménage qui l'avait trouvé là, trente-six heures plus tard. J'ai sauté dans le premier avion. Pour son enterrement, mon père avait déjà tout prévu. Le cercueil, l'emplacement de la tombe étaient réservés. Il n'y avait plus qu'à le mettre dans le trou. Comme souvent dans ces circonstances, l'ambiance oscillait entre le recueillement et les sourires. Le cimetière jouxtait la clôture de la maison de papa. Jean-Gui a rappelé l'une de ses dernières plaisanteries cent fois répétées depuis qu'il avait emménagé là : « Ah ! ça, je dois dire que mes voisins sont très calmes… » Claire, Jean-Gui, Xavier, Hugues et moi, on s'est regardés avec un air presque nostalgique. Puis je n'ai pas pu m'empêcher d'ajouter : « Avant papa habitait en face du cimetière, maintenant il habite en face de chez lui… »

En fait, comme souvent là encore, c'est ensuite que ça s'est tendu. Au moment de la répartition de l'héritage. Pour une broutille. On s'est mis d'accord au sujet de la vente de la maison puis on a fait une liste avec les meubles, les instruments, les souvenirs qui lui appartenaient. Au début, tout s'est très bien passé : « Tiens, moi, je prendrais bien sa vieille commode, Sébastien ça t'intéresse le fauteuil ? » Non, pas vraiment, je ne me vois pas trimballer un fauteuil dans l'avion. En fait, je ne veux garder qu'une seule chose de mon père, l'objet qui me rendait si fier de lui : sa vieille flûte en argent. Celle qui, malgré son défaut, lui avait permis de faire éclater son talent devant le jury du Conservatoire. Tout le monde hoche la tête. « Pas de problème, dit Claire. Et sa Mobylette qui remonte à Mathusalem, tu ne veux pas la prendre ? » Merci mais la flûte, ça me suffit.

— Je suis d'accord qu'elle est toute pourrie mais tu es le seul à avoir des ados en âge de conduire une Mob... Pense à Romain, Florian, Tiphanie, je sais que ce n'est pas évident entre vous, mais ça pourrait être un geste sympa de ta part...

— Ouais, peut-être que tu as raison, Claire... Faudrait juste que je m'organise pour la faire rapatrier à Ollioules, chez Mamita. Les enfants passeront la prendre si ça leur chante...

Je n'ai pas eu le temps de m'organiser. J'ai juste traîné un peu pour trouver un pote à Lorient qui pouvait me garder la Mobylette jusqu'à l'été. À mon prochain séjour en France, j'aurais appelé un transporteur et on n'en aurait plus parlé. Sauf qu'entre-temps Xavier est descendu en camionnette de Copenhague, où il est chauffeur de bus après avoir été prof de voile, et qu'au milieu des objets qui lui revenaient il a embarqué la Mobylette, ma Mobylette... Ç'a été terrible. Au téléphone, le ton est monté très haut entre l'Australie et le Danemark pour ce 103 vert dont, au fond, je n'avais rien à foutre.

— Xavier, tu peux m'expliquer pourquoi tu as pris la Mob de papa ?

— Elle traînait là. Je crois que c'est Claire qui a fini par me dire de la débarrasser.

— Ce 103, il n'est pas à Claire, il n'est pas à toi. Regarde la liste sur Internet : il est à moi ! En plus, c'est toi qui l'as mise en ligne cette putain de liste...

— Je regarde et je te rappelle.

Ça sonne, une heure plus tard. Et ça resonne le lendemain matin. Et ça re-resonne l'après-midi. Chaque fois, la discussion s'envenime un peu plus.

— Finalement, je le garderais bien ce Peugeot. À Copenhague, c'est sympa, et puis, au début, tu n'en voulais même pas...

— Tu fais chier, Xavier ! Le partage est fait, on ne revient pas dessus. Tu ne débarques pas comme ça pour prendre un truc qui n'est pas à toi.

Ensuite, je n'ai plus employé le verbe « prendre » mais le verbe « voler ». J'ai dit des mots qu'il ne fallait pas dire. C'est un peu mon habitude. Je considère que, dans la vie, quand on tape dans la main de quelqu'un, on ne peut pas revenir dessus. Je n'en ai rien à foutre d'avoir un contrat, une signature sur un bout de papier. La pire trahison, c'est de ne pas tenir sa parole. Sûrement que cette stupide histoire de vélomoteur a touché chez moi la corde la plus sensible, celle de l'injustice. Cette blessure qui s'est ouverte quand je pensais que mon sort n'était que quantité négligeable aux yeux des miens et qui, aujourd'hui encore, ne demande qu'à saigner.

— Écoute, Xavier, puisque c'est comme ça, vous irez tous vous faire encadrer !

— Qu'est-ce que ça veut dire ?

— Ça veut dire que tant que cette Mob que tu m'as volée, ce 103 dont je n'ai rien à cirer, ne retourne pas chez maman, je ne signerai pas les papiers du notaire ! Vous pouvez vous brosser...

J'ai mis un pistolet sur la tempe de toute la famille. Ça a pris des proportions considérables parce que, même après que Xavier l'a eu rapportée à Ollioules, cette Mobylette est toujours restée entre nous. Je n'ai plus de relations avec mon frère aîné. On ne s'appelle plus. On ne se parle plus. On s'est croisés quelquefois, lors des fêtes familiales, on ne se dit même pas bonjour.

16.

Cette nuit, j'ai fait un rêve. Sûrement que cette histoire avec Tiphanie m'avait tourneboulé, car, d'habitude, je ne me souviens jamais de mes rêves. Depuis quatre-vingts jours que je suis parti, je ne sais même pas si j'ai la force d'en faire.

Mais, là, je me suis revu à dix ans, chantant *Carmen* dans la chorale que dirigeait papa. Plus de quarante années ont passé et pourtant, dans mon sommeil, la blessure d'amour-propre me transperçait comme au premier jour. Je n'ai jamais compris pourquoi un musicien comme lui ne m'avait jamais encouragé dans ma vocation. Je chantais de toutes mes forces d'enfant et il ne m'a jamais gratifié d'un encouragement ou d'un sourire. La chanteuse de la famille, c'était Claire, il n'y avait pas de place pour moi sur la scène ni dans l'oreille de mon père. J'aurais dû persévérer, seul, peut-être, comme je l'ai toujours fait pour tailler mon destin à grands coups d'audace. Chanteur pop ou chanteur classique, je ne savais pas à l'époque, mais je suis sûr d'une chose : si j'ai manqué une occasion, une seule dans ma vie, d'aller au bout de moi-même, c'est celle-là.

Il n'y a pas si longtemps, j'ai eu envie de rattraper le temps perdu. Je sais qu'on ne le rattrape jamais, je ne vis pas de regrets, enfin j'essaye, même si, ces dernières semaines, le passé m'assaille presque quotidiennement, mais, au mois d'août 2014, pour mes cinquante ans, je me suis offert l'un de ces défis dont j'ai le secret. À un ou deux mois près, j'ai le même âge que *Ikra*, ce sublime voilier appartenant au père de mon ami Grégoire, celui-là même qui a tranché ma dernière amarre aux Sables-d'Olonne. Pour célébrer le cinquantième anniversaire du bateau, une grande fête devait être organisée dans le port de Saint-Tropez durant l'automne. J'avais mon idée derrière la tête mais il me fallait encore la caution d'une experte. Du coup, je suis passé voir ma sœur Claire, durant l'été, dans sa maison de vacances de La Seyne-sur-Mer.

— Tu m'as toujours dit que j'avais une belle voix ?
— Oui, tu es très con mais tu as une belle voix.
— Est-ce que tu penses que je peux chanter en public, dans deux mois ?
— Ça dépend quoi...

— L'*Ave Maria* de Schubert.
— Tu es complètement cinglé ! Tu as une belle voix mais tu ne l'as jamais travaillée...

Je n'ai pas été surpris par sa réaction. En parallèle de sa carrière de mezzo-soprano, ma sœur a collaboré avec de nombreux artistes dont Jean-Michel Jarre, mais son truc, sa spécialité, son morceau de bravoure, ça a toujours été l'*Ave Maria* de Schubert. Et moi, avec la bonne mine du frangin indécrottable, je venais lui annoncer mon intention de piétiner ses plates-bandes. Avec tout juste deux mois de préparation. C'était peut-être une façon inconsciente de me venger de ma non-reconnaissance passée...

— Je suis sûrement cinglé, mais est-ce que tu peux m'aider ?
— Si tu y tiens tant que ça... Je te donne dix jours pour apprendre l'air de la mélodie de Schubert par cœur. Ensuite, on ajoutera les paroles en latin et on commencera à travailler sérieusement.
— Claire, je compte sur toi pour me dire si je suis ridicule...
— Tu peux compter sur moi, je te le confirme...

J'ai bossé mon texte, ma voix comme un dingue. Durant les semaines qui ont suivi, je n'ai même pas mis les pieds sur un bateau. Je passais mon temps à faire mes gammes, à regarder sur Internet les grands ténors qui semblaient chanter l'*Ave Maria* comme s'il s'agissait d'une ritournelle, avec une aisance déconcertante. Claire a fini par juger que mes progrès étaient suffisants pour ne pas me couvrir de honte à l'occasion des Voiles de Saint-Tropez.

Et le grand jour est arrivé. Je n'ai jamais eu autant le trac de ma vie. Le jour du départ aux Sables-d'Olonne, peut-être, et encore… *Ikra* dresse sa silhouette élégante devant la terrasse de Sénéquier, un tapis rouge est déroulé sur le quai, une centaine d'invités triés sur le volet dégustent des petits-fours tandis qu'un orchestre enchaîne les standards des années 1990. Et soudain, la musique s'arrête. Le type au micro, Mathieu Werner, m'annonce. La voix éraillée par le stress, je me lance dans un voyage interminable et féerique de deux minutes trente. Tous les bruits environnants se sont tus : la musique des cafés voisins, les conversations des clients en terrasse, même le clapot du port semble retenir son souffle. La femme de l'armateur est en larmes, mon pote Grégoire lève le pouce.

J'aurais pu faire mieux, la solennité de ce moment hors du temps comprimait ma cage thoracique, je n'ai pas chanté à mon meilleur niveau. Mais quel bonheur ! Qu'est-ce que j'aurais aimé être chanteur !

Seul au monde

Voilà à quoi je pense, ce matin du 26 janvier, au réveil. Mon bateau glisse presque paisiblement vers le cap Horn. Je monte sur le pont avant et je pose mon regard sur l'horizon là où, dans quarante-huit heures, se dessinera le grand caillou noir. Je gonfle mes poumons devant un micro imaginaire. Et j'entonne à tue-tête le *Requiem* de Mozart sous la direction de Herbert von Karajan et des derniers albatros de ma traversée.

Cela fait déjà une semaine qu'Armel Le Cléac'h a franchi la ligne en vainqueur aux Sables-d'Olonne. Moi, il me reste encore près de douze mille kilomètres à parcourir. Ça fait déjà un bail que je suis le dernier marin du Vendée Globe à naviguer dans les mers du Sud. Quand j'ai appris la victoire d'Armel, j'étais sincèrement heureux pour lui. Bravo, chapeau, champion du monde, rien à dire, sauf le respect. C'était une machine de guerre, il avait une pression énorme depuis quatre ans, il l'a fait et je suis quand même bien placé pour savoir ce que son exploit représente.

Je ne suis pas amer, je ne suis pas jaloux. Il m'a mis une tarte monstrueuse et j'en rigole. Depuis le point Nemo, depuis ce jour où j'ai ouvert mon cœur à Tiphanie, le voyage intérieur que je suis en train d'accomplir a pris le pas sur mon aventure sportive.

Il y a deux ou trois jours – je ne les compte plus –, j'ai encore essuyé une dépression énorme, mais, au bout du compte, toutes les dépressions finissent par se ressembler. Il y avait un couloir infime entre sa trajectoire furieuse et la zone des glaces, au-delà du soixantième parallèle, où je n'ai pas le droit de naviguer sous peine de disqualification. J'ai réussi à me coller contre ce mur virtuel, j'ai rentré les voiles comme on rentre le ventre, et la dépression est passée sous mon nez dans un cortège de trombes d'eau et de vagues énormes.

Jean-Gui m'a écrit, ce matin : « Quand tu passes le cap Horn, regarde-le bien droit dans les yeux et n'oublie pas de lui dire : "Salut, mec, tu as le bonjour de la famille Destremau !" Et si tu ne le fais pas pour toi, fais-le pour nous… »

Ce 29 janvier, je passe toute ma journée sur le pont dans l'attente de ce moment d'histoire familiale. Le soleil se reflète sur les glaciers des montagnes du Chili, j'aperçois la côte noire, déchiquetée, martyrisée par toutes les tempêtes du monde. Dans quelques minutes, je serai cap-hornier, et il n'y a rien à ajouter. Ça veut tout dire pour une dynastie de marins comme la nôtre, avec tous ces aïeux glorieux qui ont servi leur pays sur tant de mers et d'océans. T'inquiète, Jean-Gui, je ne le fais pas pour moi, je le fais pour tous les nôtres ! Il est là, le caillou, à deux kilomètres à peine de mon étrave, je pourrais presque le toucher. « Salut mec ! Moi, c'est Sébastien… »

Seul au monde

Peu de temps après avoir franchi le cap Horn, j'ai appelé Jacques Caraes, le directeur de course, pour le rassurer sur mon moral et le divertir un peu.

— C'est bon, Jacques, je quitte les mers du Sud, j'ai fermé la porte à clé...

— Tu es sûr, hein ? Il n'y a plus personne derrière toi...

— Non, non, j'ai bien vérifié ! J'ai tout fermé jusqu'à la prochaine, dans quatre ans. Regarde la vidéo que j'ai tournée ce matin : j'ai un beau trousseau avec la clé des océans...

Je l'ai fabriquée, sur un coup de tête, avec un cintre, du Scotch et un morceau de latte. Elle a une gueule sympa, ma clé des océans. J'ai toujours été doué pour faire des maquettes. Plus tard, je vais découvrir que ce qui n'était qu'une plaisanterie a touché l'imaginaire du public et a beaucoup contribué à ma petite notoriété de dernier du Vendée Globe. Tant mieux pour le symbole. Il me ressemble. Mais je n'ai pas seulement verrouillé la porte du cap Horn et de tous les océans qui l'avaient précédé avec cette clé. J'ai aussi ouvert les tiroirs secrets de ma mémoire.

Désormais, il n'y a plus de secret. Je sais ce qui m'attend. J'entame la lente remontée vers le nord, la civilisation. Une navigation normale avec des endroits normaux. Des bateaux, des pêcheurs, des gens, du déjà vu, le Brésil, la côte pas très loin, des paysages que tout le monde connaît. J'avais fini par me sentir bien, au fond, quand je naviguais loin de tout. Si loin, si proche... C'est si vrai que ces soixante jours dans les mers du Sud ont fait naître en moi l'envie de prolonger le voyage. J'ai tellement grandi en l'espace de deux mois. La solitude, les épreuves, tout ce passé qui pleurait en silence au fond de moi et que mes larmes extirpaient presque chaque jour...

Durant cette première semaine de février, alors que je navigue au large des îles Malouines dans une mer redevenue paisible, je songe à ne pas revenir aux Sables-d'Olonne. Pas tout de suite. J'aimerais faire un tour de manège autour de l'Antarctique. Je sais que je n'y retournerai sans doute jamais. Il s'est passé tant de choses pour moi, là-bas. Ensuite, il serait toujours temps de remettre mes pas dans ceux de tout le monde. Après tout, il n'y a pas de délai maximal pour finir le Vendée Globe. Ça ne va pas bouleverser la face du monde si je franchis la ligne d'arrivée dans trente jours ou dans trois mois. Ça ne va pas modifier mon classement. Mon classement, ce sera dernier. Non, ça n'aurait rien changé. Mais peut-être que ça aurait fini de façonner ma métamorphose.

Seul au monde

La brume nostalgique se dissipe dès que j'aborde la situation de façon cartésienne. Il me reste moins de cinq semaines de vivres dans la cale à nourriture, j'ai emporté une ligne de traîne mais je suis un piètre pêcheur, et si je me ravitaille en chemin, ma disqualification sera automatique. J'y tiens, moi, à ma dernière place ! Et puis, l'aventure est déjà belle.

Même quand il ne se passe rien, il se passe toujours quelque chose. Je file mon petit bonhomme de chemin sous un zéphyr débonnaire qui époussette la houle inoffensive de l'Atlantique Sud quand ma grand-voile d'avant, le J2, se déchire en deux comme une feuille de papier. Elle est fendue sur la moitié de sa hauteur. C'est gênant, car les deux tiers de la route qui me reste à parcourir s'effectuent au près. Or, dans ces conditions, il n'y a rien de tel que le J2 pour donner de l'appui au bateau. J'appelle Hugues qui me dissuade de continuer avec ma voile déchirée.

— Et si je la répare ? Je l'enlève, je la répare et je la remets ?

— L'enlever, ce n'est pas un problème dans l'état où elle a l'air de se trouver... Mais la remettre, c'est mission impossible, il faut l'attacher en haut et en bas du mât. Seul, ça me paraît injouable.

— Je fais quoi, alors ? Ça va encore me faire perdre du temps, cette histoire !

Seul au monde

— Il y a toujours la possibilité de faire des combinaisons de voiles. Par exemple, mettre le J4 avec le J3 ou alors mettre le J4 à la place du J2, mais il faut recalculer la triangulation…

— OK… Je crois que je vais perdre deux nœuds de moyenne, ça sera plus simple…

Si le fait de naviguer à proximité du point Nemo alors qu'Armel Le Cléac'h était en train de remonter le chenal des Sables-d'Olonne ne m'a fait ni chaud, ni froid, la longue litanie de ses suivants me pèse de plus en plus. Tous les deux jours la liste s'allonge. Deuxième, troisième, cinquième, dixième…

Quand je regarde le classement, ce matin du 14 février, je me jure que c'est la dernière fois. Je cesse de me flageller. Treize concurrents ont déjà franchi la ligne d'arrivée et je suis le seul à naviguer encore sous l'équateur. Il n'y a pas si longtemps, je me sentais capable de prolonger le voyage dans les mers du Sud, plus maintenant. J'ai hâte d'arriver. Je compte chaque jour qui passe.

Je pensais avoir fait le tour de monde en explorant tous les recoins obscurs de mon passé. Mamita, papa, Xavier, Tiphanie… Mais non. Hier, Hugues, qui devait tenir ça de notre mère, m'a appris que mes deux grands fils se passionnaient pour l'aventure que je tente péniblement de mener à son terme. Et il paraît que c'est Florian, lui qui m'ignore depuis si longtemps, le plus acharné des deux. Il semble qu'il passe une bonne partie de ses soirées devant son ordinateur à consulter mes vidéos, mes clowneries et les informations qui me concernent. Quand son frère est occupé à autre chose, il lui envoie des copies d'écran. Florian... Quand je pense à toutes ces années où je croyais sincèrement qu'il me haïssait.

Ça m'a tellement bouleversé d'apprendre ça qu'une heure plus tard j'ai fait une fausse manœuvre au moment de remplir les ballasts. Je crois que j'ai oublié de lever une guillotine, peu importe, je ne m'en suis pas rendu compte tout de suite, je suis monté sur le pont pour ranger une voile. Et quand je suis redescendu dans le cockpit, il y avait trois tonnes de flotte dans la cabine. Ce n'est pas une image. Toute l'eau des ballasts l'avait remplie comme une piscine : il y avait vraiment trois tonnes de flotte... Elle me montait jusqu'aux genoux. J'en ai été quitte pour une petite séance d'aquagym. Il m'a fallu bricoler et rebrancher le tuyau qui avait pété, j'ai joué du tournevis et de la clé à molette quasiment en apnée et ensuite j'ai pu enclencher la fonction motopompe. Une heure et demie de ménage pour éponger le déluge.

En même temps, c'est sympa de passer l'aspirateur, ça permet de penser à autre chose. Et moi, je n'avais plus que cette obsession en tête : en finir avec le Vendée Globe et nos vieilles rancœurs stupides. Revenir à terre, embrasser les miens. Appeler Xavier, lui dire le plus simplement du monde : « Ça va, vieux frère... » Sauter dans une voiture, foncer vers le Pays basque où Romain, Florian et Tiphanie font leur vie et leur dire que je les aime. Juste ça. Pour un début. Et peut-être aussi serrer dans mes bras mon petit-fils et ma petite-fille que je ne connais pas, que je n'ai jamais vus. Téo et Lyssana vont bientôt avoir un an. À quel âge ça parle les enfants ? J'aimerais bien qu'ils m'appellent Opa. C'est de tradition, dans la famille, on donne toujours un surnom aux ancêtres. Maman est devenue Mamita quand ses premiers petits-enfants sont nés. C'est mon tour, maintenant. C'est moi, l'ancêtre. Je suis le patriarche. Ça sonne bien, Opa, je trouve...

17 février, au matin : c'est quoi cette histoire ? Je m'apprête à franchir l'équateur sous vingt-quatre heures et je reçois la copie d'un mail qui a été envoyé à la direction de course et au président du conseil général de Vendée, par ailleurs président de l'épreuve. Visiblement, ça me concerne :

« Le mât du bateau *technoFirst-faceOcean* est un mât de remplacement du bateau *Geodis* qui a gagné le Vendée Globe en 1997 avec Christophe Auguin. Monsieur Sébastien Destremau a volé ce mât, il n'a jamais eu ma permission pour le prendre [...]. Ce comportement est totalement incompatible avec l'esprit du Vendée Globe et les règlements internationaux [...]. L'organisation doit éliminer monsieur Destremau de la course. »

Et c'est signé du propriétaire hongrois qui m'a vendu le mât alors que je n'avais plus rien pour accrocher mes voiles à moins de dix semaines du départ. D'où ça sort ce tissu d'inventions ? Qui c'est ce mec qui veut me faire disqualifier alors que j'ai pleuré toutes les larmes de mon corps pour en arriver là ? Je me suis pété les côtes, j'ai vaincu mes peurs, mes crampes, je me suis arrêté, je suis reparti, je suis tombé, je me suis relevé. Et je me relèverai encore. D'ailleurs, je ne suis même pas à terre. C'est juste un moment désagréable. Le type n'a aucune chance de voir sa requête aboutir. Il doit vouloir négocier un petit supplément après l'arrivée.

Maintenant, je comprends mieux pourquoi il a demandé une discrétion totale sur cette transaction. On se serait cru dans un film noir quand je suis monté à Caen pour acheter le mât. Le rendez-vous à l'aube sur un parking, ses deux sbires qui m'attendaient dans une voiture, l'enveloppe avec huit mille euros en cash.

— Je suis monsieur Destremau.

— D'accord. Vous devez nous remettre une somme.

— Voilà…

— OK. Vous pouvez y aller. Le mât est là-bas près du hangar.

Seul au monde

Pas de reçu, pas de facture. C'est ma faute. Je n'avais qu'une hâte : transbahuter le tube à Toulon. Et sauter dans la voiture pour Paris, le lendemain, jour de la présentation du Vendée Globe à la presse. Et puis, on ne se refait pas. Ou si difficilement. Pour moi, une parole, ça vaut tous les papiers. Ça m'apprendra. Encore un truc qui m'apprendra...

Bon, j'ai filé l'affaire dans les mains de mon avocat et on verra bien ce que ça donne. En tout cas, je n'en ai plus entendu parler jusqu'aux Sables-d'Olonne. Parce que, mine de rien, ça s'approche doucement.

J'ai franchi l'équateur le 19 février, avec en prime la même allergie qu'à l'aller. Ensuite, j'ai fait ma petite séance de surplace dans le pot au noir en regardant la caravane des nuages gris qui trottinaient au-dessus de mon bateau. Et c'est à ce moment-là que j'ai découvert que j'allais devoir me serrer la ceinture jusqu'à la fin de ma promenade au long cours.

Déjà, je n'étais pas au mieux avec mes cent douze jours de provisions stockés « Chez Momo » au moment du départ. Ça me paraissait énorme, à cette époque, seize sacs pour seize semaines de course... J'avais failli en balancer un sur le quai en grinçant : « Non mais, vous croyez vraiment que je vais revenir en mars ! » Bah ! oui, mon gars Sébastien. Et même que je suis parti pour boucler mon périple en cent vingt jours plutôt qu'en cent douze. Le problème, c'est que, ce matin, j'ai découvert qu'un des trois sacs restants était percé. Et toute la nourriture à l'intérieur, bonne à jeter. Avec l'inondation de ma cabine, la semaine dernière, ça a pourri. Donc, pour éviter un jeûne trop prolongé, je rééchelonne tous mes repas à venir jusqu'à mon arrivée prévue pour la Saint-Glinglin. Au menu des croisières Destremau : on tape dans les rations de survie, on oublie les petits déjeuners, on déjeune d'une barre chocolatée. Le soir, une soupe et au lit. J'exagère un peu mais c'est mon côté toulonnais. J'ai laissé beaucoup de moi dans les mers du Sud, mais ça je ne l'ai pas égaré. De toute façon, je ne peux pas maigrir plus que dans les deux mois qui ont précédé le départ de la course. Avec les soucis qu'on a connus, le stress qui m'a rongé, j'ai perdu dix kilos ! Je suis sûr que j'ai repris du poids depuis que je suis seul en mer. Ce matin, j'étais torse nu en train d'enrouler un énorme winch en sifflotant, j'ai vu mes biceps gonflés comme des ballons de handball, j'ai cru qu'ils allaient m'exploser à la figure. J'ai l'impression que mes épaules ont doublé de volume à force de rouler les gennakers et d'envoyer la toile. En revanche, j'ai des jambes comme des allumettes moi qui, d'habitude, arbore des jambons de coureur cycliste.

Plein nord jusqu'aux Açores. Les alizés. La routine, Seb, la routine… Je me répète ça pendant dix jours avec un bateau qui file au près et qui tape comme un sourd sur chaque vague se présentant sous son étrave. Je tremble à chaque impact qui résonne dans la cabine. On dirait que l'onde de choc se prolonge jusqu'à mon cerveau. J'ai peur de la casse. Il y en a eu souvent, dans cette portion de mer, des concurrents qui se voyaient beaux, des gars qui commençaient à ajuster leur bonnet et leur discours pour les caméras et qui ont tout perdu en cassant leur quille sur une dernière vague.

Allez, virage à droite, direction Les Sables-d'Olonne. Ce matin, j'ai reçu un mail de Claire qui me donne des conseils pour pêcher. Elle a entendu dire que je n'avais ramassé que des algues de haute mer avec ma ligne de traîne, elle doit penser que c'est la famine à bord. C'est dingue comme cette histoire de restriction de nourriture a l'air de toucher les gens. Enfin, ça va, ce n'est pas le Siège de Paris. Je fais un repas par jour. Je peux encore diminuer les rations. Tout de même, ça m'a bien fait rire de recevoir des conseils sur la pêche de ma chère sœur. C'est encore un des petits miracles du Vendée Globe…

Dimanche 5 mars. J'en finis avec le contournement des Açores, je suis à la latitude de Vigo, au Portugal, flux de sud-ouest entre vingt-cinq, trente nœuds, houle de cinq à sept mètres. Je ne sais pas ce qui me prend d'écrire ça à la façon d'un carnet de bord. Qui peut s'intéresser au carnet de bord du dix-huitième du Vendée Globe? Ce vieux Pieter Heerema a touché terre voici maintenant deux jours. Je suis le dernier. Le dernier des derniers. Je ne sais même pas si les lampions seront encore allumés pour mon arrivée aux Sables-d'Olonne. Je m'en fiche. Je m'en suis passé pendant quatre mois. Ce n'est pas après ça que je cours. C'est quand l'obscurité tombait et que ma vie défilait que j'ai compris ce que j'étais allé chercher si loin, si seul. Là-bas. Au sud du sud. Et tout au fond de moi-même.

Le cap Finisterre, le golfe de Gascogne. Une dernière crise de larmes. Je peux me passer de nourriture mais pas de mon radar pour me frayer un passage dans le grand embouteillage des chalutiers. Or, je n'arrive plus à démarrer mon moteur. Pas assez de vent pour actionner le démarreur en larguant la grand-voile. Ça fait quand même cent jours que je me trimballe ce problème alors qu'il suffit normalement d'appuyer sur un bouton pour que ça marche. J'y passe une après-midi entière jusqu'à la bourrasque salvatrice. Ensuite, tout s'accélère. C'est comme dans la « Boden » de papa, le retour paraît toujours plus rapide que l'aller.

Il y a le mail de Hugues: « Dans cette famille qui est la nôtre, les relations ne sont pas exubérantes quand il s'agit de se qualifier les uns les autres. On est souvent en quête d'une reconnaissance qui ne vient pas. Alors je veux te dire sincèrement et avec affection tout le respect que je porte à ton exploit. Bravo, frangin. Bon retour parmi les terreux... »

Il y a le filet de pêcheur, la voix morte de mon père : « Bon sang ! Sébastien... Redresse ! » Et maintenant, le phare des Sables-d'Olonne qui cligne de l'œil sur mon passage. L'arrivée après cent vingt-quatre jours, douze heures et trente-huit minutes d'un voyage sans retour. Et pourtant, je suis là, hagard, debout dans la nuit, à la proue de mon bateau. Je suis revenu au port. Sur le premier canot qui m'accoste, presque toute la famille est au garde-à-vous : Mamita, Jean-Gui, Xavier. Xavier...

— Viens, Xavier, monte !

— Tu fais chier, Sébastien, ça fait quatre jours que je repousse mon voyage retour pour le Danemark...

Dix ans qu'on n'avait pas rigolé ensemble. Je ne te reparlerai plus jamais de la Mobylette de papa, Xavier. Juré. C'est fini tout ça. Tiens, voilà, Jaco ! « Hé ! Jaco, mon bon vieux Jaco ! » Il me frôle d'un pas pressé, me salue d'un bougonnement. Le pilote automatique s'est coincé. C'est pour lui. Et maman, sacrée Mamita, qui brave la nuit, les kilomètres, le temps qui passe, j'ai peur qu'elle attrape froid.

— Vous n'avez pas...

— Fière ! Putain de merde ! Fière...

Seul au monde

Demain, je répondrai aux journalistes. Et après-demain, s'il le faut. « C'est sûr que ça me tardait de rentrer à la maison... » Je n'ai pas de maison. Je n'ai rien. Et je suis le plus heureux des hommes. Bientôt, la lumière s'éteindra. Je m'éclipserai pour emprunter la vieille carlingue de Mamita. Et je roulerai à tombeau ouvert vers le Pays basque.

— Écoute ton grand-père, Lyssana, répète après moi : Opa...
— ...
— C'est bien, ma chérie... Allez ! À toi, Téo...

Remerciements

Je voudrais particulièrement remercier Patrice B. Rittener qui le premier m'a encouragé à raconter mon aventure.

Cette idée folle de participer au Vendée Globe n'aurait pas pu être menée à bien sans les compétences techniques et l'abnégation totale de mon frère Jean-Guillem à qui je dois une fière chandelle.

faceOcean a été un projet exaltant à mener et j'aimerais également remercier :
Maman pour son enthousiasme,
Jaco pour son expertise et sa disponibilité,
Marie Robert pour son assistance indéfectible,
Marianne Colombani pour la beauté de ses réalisations graphiques,
Mathieu Werner pour ses conseils avisés,
Hugues Destremau pour la réalisation de la garde-robe du bateau.
Ainsi que tous les membres de l'équipe pour leur brillante participation aux activités administratives, financières, techniques et commerciales de *faceOcean*.
Claire Destremau, Xavier Destremau, Sophie Destremau, Gilles Destremau, Emmanuel Jayet, Antoine Mermot, Meven Troel, Gérard Navarin, Gregory Castaud, Stéphanie Lallemant, Emmanuel Bijon, Jan Pechard, Antoine Vignes, Louis Karsenty, Valérie Soulié, Marie Rouvillois, Michel Colombani, Muriel Daste, Pierre

Seul au monde

Gauthier, Jean-Baptiste et Bérengère Warluzel, Antoine Boudin, Lionel Courcier, Éric Bosc, Alexandre Cormier, Stanislas Rouvillois et ses fils Marin et Paul, Yves Castelain, Yves Pelletier, Grégoire Morault, Gille Morelle, Marie Jacquart, La Gravure, FX Farenne, Thierry et Freddie Tesson, Christophe Montandon, Anne-Sophie Alibert, Denis Lafarge, Philippe de La Brosse, Marie Stinnes, Vanessa Saunders, Manuel et José Mendez.

Je voudrais remercier tous les sponsors, partenaires, supporters, équipiers, mécènes, bénévoles ainsi que l'ensemble des écoles qui se sont associées à ce projet… Sans oublier toutes les petites mains invisibles, mais si précieuses, qui ont permis à ce rêve fou de se réaliser.

Un immense merci à Bernard Fixot, Édith Leblond et Renaud Leblond, mes éditeurs, ainsi qu'à l'ensemble de l'équipe de XO Éditions qui a été touchée par mon histoire et m'a permis de la partager.
Et enfin un grand merci à Henri Haget qui a mis tout son talent et son écoute pour m'aider à écrire cette folle aventure.

faceOcean et ce livre n'auraient pas existé sans vous : Merci.

Sébastien

Mise en pages :
Sylvie Denis

Impression réalisée par CPI France
en mai 2018

N° d'édition : 3744/09 - N° d'impression : 2037274
Dépôt légal : juin 2017

Imprimé en France